阅读中国·外教社中文分级系列
Reading China　SFLEP Chinese Graded Read

U0558599

总主编　程爱民

Understanding Laozi

编　五级主编　敖雪岗
者　殷晓明

五级
4

上海外语教育出版社
SHANGHAI FOREIGN LANGUAGE EDUCATION PRESS

主编的话

　　每个学习外语的人在学习初期都会觉得外语很难，除了教材，其他书基本上看不懂。很多年前，我有个学生，他大学一年级时在外语学院图书室帮忙整理图书，偶然看到一本《莎士比亚故事集》，翻了几页，发现自己看得懂，一下子就看入了迷。后来，他一有空就去图书室看那本书，很快看完了，发现自己的英语进步不少。其实，那本《莎士比亚故事集》就是一本牛津英语分级读物。这个故事告诉我们，适合外语学习者水平的书籍对外语学习有多么重要。

　　英语分级阅读进入中国已有几十年了，但国际中文分级教学以及分级读物编写实践才刚刚起步，中文分级读物不仅在数量上严重不足，编写质量上也存在许多问题。因此，在《国际中文教育中文水平等级标准》出台之后，我们就想着要编写一套适合全球中文学习者的国际中文分级读物，于是便有了这套《阅读中国·外教社中文分级系列读物》。

　　本套读物遵循母语为非中文者的中文习得基本规律，参考英语作为外语教学分级读物的编写理念和方法，设置鲜明的中国主题，采用适合外国读者阅读心理和阅读习惯的叙事话语方式，对标《国际中文教育中文水平等级标准》，是国内外第一套开放型、内容与语言兼顾、纸质和数字资源深度融合的国际中文教育分级系列读物。本套读物第一辑共36册，其中，一——六级每级各5册，七—九级共6册。

　　读万卷书，行万里路，这是两种认识世界的方法。现在，中国人去看世界，外国人来看中国，已成为一种全球景观。中国历史源远流长，中国文化丰富多彩，中国式现代化不断推进和拓展，确实值得来看看。如果你在学中文，对中国文化感兴趣，推荐你看看这套《阅读中国·外教社中文分级系列读物》。它不仅能帮助你更好地学习中文，也有助于你了解一个立体、真实、鲜活的中国。

程爱民
2023 年 5 月

目　录

第一章　老子与《老子》

一、影响争议都很大：谜一样的老子很迷人　2

二、姓老还是姓李：国家图书馆负责人　5

三、孔子来请教：老子大概是一条龙吧　8

四、西出函谷关：留下五千字后不知去了哪里　11

第二章　继承与发展

一、前人思想文化的继承：智者可不止老子一个人啊　14

二、时代的影响：混乱的春秋末年　17

三、楚文化的体现：老子是楚国人吗？　20

四、独特的隐士群体：不一般的隐士　23

第三章　道与德

一、"道"的字义：只是道路的意思吗？　26

二、道是什么：看不见摸不着的道　29

三、道生万物：万物生于有，有生于无　32

四、德养万物：德是道的展现　35

第四章 自然与无为

一、自然：自然的才是最好的　　38

二、无为：无为而无不为　　41

三、自然的天：天也和万物一样　　44

四、圣人：没有喜欢和不喜欢的差别　　47

第五章 对立与循环

一、共存：离开了丑，就没有了美　　50

二、转化：好事会变成坏事，坏事也会变成好事　　53

三、转化的条件：千里的路是一步一步走出来的　　56

四、回到最初：循环运动，永远不停止　　59

第六章 社会与政治

一、走上大道：大道很平坦，人们却喜欢走小路　　62

二、无为而治：治理国家要像烹制小鱼　　65

三、无知无欲：是做头脑简单没有欲望的人吗？　　68

四、理想国：国家很小，人民很少　　71

第七章 战争与和平

一、反对战争：武器是不好的东西　　74

二、想得到先付出：老子是个有计谋的人吗？　　77

三、战火不断：还是欲望太多啊　　　　　　　　　80

四、三件宝贝：最重要的是慈爱　　　　　　　　83

第八章　养生与修身

一、减少欲望：色彩太多，眼睛反而看不清楚　　86

二、名利与生命：哪一样更珍贵呢？　　　　　　89

三、自然天真：回到婴儿的状态　　　　　　　　91

四、心如明镜：擦去落在心上的灰尘　　　　　　94

第九章　为人与处世

一、弱比强好：大风吹倒的是大树而不是小草　　97

二、谦虚不争：完美的人就像水一样　　　　　　101

三、慈爱的心：付出越多，内心越充足　　　　　104

四、功成身退：杯子里的水太满就会溢出来　　　107

练习参考答案　　　　111

词汇表　　　　112

第一章 老子与《老子》

一   影响争议都很大：谜一样的老子很迷人

老子是中国古代重要的思想家。以老子为代表的道家思想与以孔子为代表的儒家思想，是中国传统思想文化的主体。两家思想互相补充，形成了中国人精神的两个方面，也使得中国传统文化更加丰富而生动。

在中国文化史上，儒家思想长期处于主导地位；而在中国哲学史上，道家思想常常处于主导地位。老子在中国人的心中一直是一个智者的形象。

一个人遇到好事时，他往往会提醒自己不要太得意，因为好事可能会变成坏事；遇到坏事时，又会安慰自己不必太悲伤，因为坏事也会变为好事。着急不安的时候，人们会提醒自己内心要安静下来，这样更容易解决问题。在激烈的社会竞争中，有时候人们会主动地向后退一步，不仅心情会放松，而且反而会获得胜利。人们也会提醒自己不要过多地追求物质享受，因为这样不仅不能感到满足，还会感到痛苦，失去内心的平静。

人们也许没有意识到，以上这些都是老子的思想在指导着当代人的生活，而老子说过的话，不少仍然出现在人们日常使用的语言中。可见，老子的思想在今天仍然具有重要的影响，我们可以从他那儿获得丰富的人生智慧。如果你想了解中国传统的思想与文化，如果你想全面深入地了解当代中国人的思想与生活，就一定要对老子的思想有一些基础的认识。

老子不仅属于中国，也属于全世界。早在唐代，《老子》就被翻译为外国文字。中国古代文化书籍中，《老子》翻译为外国文字的次数最多。在世界范围内，有两本书被翻译的次数最多，一本是西方的《圣经》，一本就是中国的《老子》。

这么重要的人物，我们对他的了解一定很多吧？事实正好相反，对于老子，我们知道的非常少，这也使得老子成为中国古代重要思想家中争议最多的一位，甚至有人否认有老子这个人的存在。那么老子真实存在吗？老子究竟是谁？他是哪个时代的人？《老子》这部书是谁写的？是一个人完成的吗？是什么时候写成的？要回答这些问题并不容易，不过这是我们介绍老子与老子思想的开始，无法回避。

对于老子的争议还表现在对其思想的理解：有人说老子不关心现实社会，抱着一种消极的态度，有人说老子关心现实社会，并积极寻找解决社会矛盾的方法；有人说老子教人使用计谋，有人说老子最反对使用计谋，他希望人们都单纯得像个婴儿；有人说老子主张不让人民变聪明，以便管理，有人说老子希望人民保持单纯，真诚相处，因为他觉得比谁更聪明，比谁的方法更好，只会让社会越来越乱。

类似的争议还有很多，而这些对老子的看法几乎完全对立，那么到底哪一面才是真正的老子呢？我们该去哪里寻找答案？是不是由于老子的时代距离现在太久，我们就永远无法回答了呢？

幸运的是，不同时代的人几乎都对研究老子有着很高的热情。我们可以从流传下来的古书中，从地下发现的材料中，无限接近真实的老子。

对于今天的我们，老子真像一个难猜的谜，却又是那么地迷人！

本级词：

争议 zhēngyì | controversy

全世界 quán shìjiè | the whole world

迷人 mírén | charming

人物 rénwù | figure, character

主体 zhǔtǐ | main body

回避 huíbì | to avoid

使得 shǐde | to make

其 qí | his/her/its/their

主导 zhǔdǎo | leading

消极 xiāojí | passive, negative

安慰 ānwèi | comfort

矛盾 máodùn | contradiction

悲伤 bēishāng | sad

聪明 cōngmíng | intelligent, bright

竞争 jìngzhēng | competition

以便 yǐbiàn | so that, in order to

物质 wùzhì | material

真诚 zhēnchéng | sincerely, honestly

享受 xiǎngshòu | enjoyment

对立 duìlì | opposition

意识 yìshí | to realize, to be aware of

有着 yǒuzhe | to have

当代 dāngdài | contemporary

猜 cāi | to guess

超纲词：

章 zhāng | chapter

智者 zhìzhě | wise person, sage

与 yǔ | and

智慧 zhìhuì | wisdom

谜 mí | riddle

书籍 shūjí | book(s)

道家 Dàojiā | Taoist school, Taoism

次数 cìshù | number of times

儒家 Rújiā | Confucian school, Confucianism

计谋 jìmóu | scheme, trick

哲学 zhéxué | philosophy

婴儿 yīng'ér | infant

练 习

1. 在世界范围内，被翻译次数最多的中文书是_____。

   A.《论语》   B.《诗经》   C.《老子》   D.《圣经》

2. 为什么说老子像一个不容易猜出答案的谜语？

3. 老子与道家思想在中国文化中具有什么地位？

二　姓老还是姓李：国家图书馆负责人

老子与老子的思想在秦以前的书中多次被提到，那么首先可以肯定的是，老子在历史上是真实存在的。

西汉的《史记》是最早介绍老子的史书，书中说，老子姓李，名为耳，字为聃。中国的古人有名也有字，一般是出生后由父亲取一个名，长大后再取一个字，名与字往往有意义上的联系。老子的字"聃"有"耳朵又长又大"的意思，也许老子的耳朵与一般人相比有些特别，所以用"耳"作为名，"聃"作为字。古书中的老子与老聃显然是同一个人。

关于我们最熟悉的"老子"也有两种说法：一种说法是尊敬的名称，"老子"就是老先生的意思；另外一种说法是"老"是姓，那么"老子"就与"孔子""孟子"一样，是在姓后加"子"字，表示尊敬。古代有"老"这个姓而无"李"这个姓，老子姓李、名耳的说法可能是由"老聃"这个名字转变来的，

"老"与"李"古代读音相同，"耳"与"聃"字义互相对应，所以老聃就变成了李耳。中国古人的名字真是又复杂又有趣啊。

关于老子的出生和姓名，民间还流传着不少有趣的故事。有一个故事说，老子的母亲年轻时是一个温和善良的姑娘，有一天在河边洗衣服，突然看到水里有一颗金黄色的李子，她从来没有见过这么漂亮的李子，拿起来就咬了一口，果然又香又甜。没想到刚吃完这个李子，这个姑娘就觉得胃里很不舒服，一直想吐，没多久她发现自己竟然怀孕了，过了八十一年才生出一个男孩。更奇怪的是，这个男孩与普通的孩子不一样。他不仅一出生就会说话，而且头发、胡子都是白色的，因此人们就叫他"老子"。他还指着一棵李子树说："我就姓李。"人们总是喜欢给历史上的名人编一些奇怪的故事，大概是因为人们根本就不相信普通人能取得那么大的成就吧。

老子姓名的问题差不多讲清楚了，我们再来看一看老子的工作。《史记》明白地告诉我们，老子曾经是周朝的一个官员，负责管理国家文化与历史方面的书籍，和现在的国家图书馆负责人差不多。

这样的职位一般都是由学问比较大的人担任，可见老子在当时也是一个非常有学问的人。在那个时代，学问都是一代一代传下来的，那么老子很可能出生在一个文化水平很高的家庭。这个职位让老子对于前人的书籍与思想越来越熟悉，对世界的认识也更加深入，老子变得越来越有智慧。

《史记》中提到孔子曾到周向老子请教学问，这件事在中国文化史上是一件特别重要的事，他们的谈话内容，《史记》中也有记录，我们将在下面一部分专门介绍。这件事一方面说明，老子在当时一定是个很有名的学者；另一方面，我们已经知道孔子生活的年代，那么由此可以知道老子与孔子都生活在春秋末年，老子可能比孔子大20岁左右。

本级词:

负责人 fùzé rén | person(s) in charge

肯定 kěndìng | to affirm

耳朵 ěrduo | ear

熟悉 shúxi | (to be) familiar with

说法 shuōfǎ | statement

尊敬 zūnjìng | respect

对应 duìyìng | to correspond

温和 wēnhé | gentle

咬 yǎo | to bite

胃 wèi | stomach

吐 tù | to vomit

胡子 húzi | mustache

职位 zhíwèi | position

将 jiāng | will, to be going to

学者 xuézhě | scholar

由此 yóucǐ | from this

超纲词:

古人 gǔrén | the ancients

字义 zìyì | literal meaning

李子 lǐzi | plum

怀孕 huáiyùn | pregnant

官员 guānyuán | official

前人 qiánrén | forefather, predecessor

练 习

1. 老子和下面哪一个名字是同一个人？ _____

   A. 孔子   B. 李耳   C. 孟子   D. 司马迁

2. 为什么说老子在当时是一个非常有学问的人？

3. 老子作为国家图书馆负责人的身份与他后来的成就有什么关系？

三　孔子来请教：老子大概是一条龙吧

老子与孔子都是中国历史文化名人，一个是道家思想的代表，一个是儒家思想的代表。这两位文化名人的见面，在当时也许比较平常，不过在后人看来就是一个影响极大的历史事件了。

《史记》在介绍老子与介绍孔子的部分都记录了这次伟大的见面，写得十分生动，我们也来欣赏一下：

有一天，老子与平时一样，正在一边阅读一边整理图书馆里的书，有一个叫孔子的年轻人来这里拜访。老子在当时是一个知识丰富的大学问家，孔子内心对他充满了尊敬，这次能见到老子，孔子非常激动，有一堆问题想请教。他们先对社会现状交换了各自的看法：他们都对眼前混乱的社会现实非常不满，不过在如何解决社会矛盾、如何对待传统等问题上，两人的意见存在差别。孔子主张维护传统，在原有制度上进行调整，老子主张更彻底地去改变，他觉得古人的制度早就不适应当前的情况，根本解决不了现在的社会问题。

孔子向老子请教关于礼的学问时，老子一点儿也没有不耐烦，不过回答完孔子的问题后，老子又加上一句："你研究的礼大多是古人的东西，这些古人早就死了，连他们的骨头都已经变成灰了，剩下的只有他们说过的一些话，你没有必要太重视这些话。"老子想告诉孔子，世界已经变化了，还紧紧抓住以前的东西，是不会有成效的。

分别的时候，老子对孔子说："听说聪明的商人都会把自己的好商品藏起来，道德高的人看上去都非常普通，甚至有点傻，你也应该保持谦虚，少一些欲望，这些东西对你没有好处。"

孔子虽然不完全同意老子的想法，但这些充满智慧的话无疑对孔子产生了相当大的影响。如果你阅读儒家的经典著作《论语》，会不时感受到老子思想对孔子的影响。

孔子回去后，他的学生们好奇地问："老师，老子是一个什么样的人呢？"孔子回忆起与老子的会谈，沉默了很久，才慢慢地说："天上的鸟，我知道它们可以飞；水中的鱼，我知道它们可以游；森林中的动物，我知道它们可以跑。跑着的动物，可以用网来抓住它们；游来游去的鱼，可以用线来抓住它们；飞行的鸟儿啊，也可以用弓箭射下来。不过对于龙我了解的还很少啊，龙非常厉害，可以乘着风和云飞上天去，我看不清龙真正的样子，老子大概就是这样一条神秘的龙吧！"

这些对话读起来多么有趣，简单却又有非常深刻的含义，老子与孔子果然都不是普通人啊。

除了《史记》，很多其他古书中都有老子与孔子见面的记录，可见他们的见面一定真实发生过，而且可能还不止一次。

老子与孔子的见面，是道家思想和儒家思想的第一次对话。道家思想和儒家思想除了差别与对立，还有互相补充的一面，这种你离不开我、我离不开你的关系，似乎从老子与孔子的第一次见面就已经形成了，在以后漫长的历史中一直没有改变过。

本级词：

欣赏 xīnshǎng | to appreciate

拜访 bàifǎng | to pay a visit

堆 duī | pile

现状 xiànzhuàng | current situation

原有 yuányǒu | original

当前 dāngqián | current

礼 lǐ | rite, etiquette

不耐烦 bú nàifán | impatient

加上 jiāshàng | to add

剩下 shèngxia | to remain

紧紧 jǐnjǐn | tightly

成效 chéngxiào | effect

道德 dàodé | morality

傻 shǎ | silly, stupid

无疑 wúyí | undoubtedly

不时 bùshí | from time to time

回忆 huíyì | to call to mind

会谈 huìtán | talks

厉害 lìhai | awesome

不止 bùzhǐ | more than

差别 chābié | difference

漫长 màncháng | very long

超纲词：

后人 hòurén | later generations

混乱 hùnluàn | disorder, chaos

灰 huī | ash

藏 cáng | to hide

谦虚 qiānxū | modest

欲望 yùwàng | desire

弓 gōng | bow

练 习

1. 在孔子的心中，老子与哪种动物的特征相似？ _____

    A. 鱼   B. 龙   C. 鸟   D. 牛

2. 在对待传统与古人的制度方面，老子与孔子的态度有什么不同？

3. 你最喜欢老子对孔子说的哪句话？为什么？

四 西出函谷关：留下五千字后不知去了哪里

老子在周朝做了很长时间的国家图书馆负责人，学问越来越大，对于如何解决社会的矛盾、如何让人们生活得幸福等问题也有了更成熟、更独特的思考。

老子曾经对孔子说过：道德水平高的人得到了机会就去实行自己的主张，时机不好的话，那就像沙漠中的那种草吧，风吹到哪里就停到哪里。

老子可不只是说一说，他是一个言语和行为一致的人，他真的这样做了。因为内部的战争，周朝变得越来越弱，老子没有机会实行自己的主张，就辞职离开了。

据说老子后来骑着一头牛向西出发，到了周的边境函谷关，函谷关就是一个类似现在海关的地方。这里的负责人前几天看到一大片紫色的气从东边的天空飘过来，他知道一定会有一位来自东方的高人要从这里经过，便一直在此等待。因此老子出关并不顺利，这个负责人当然认出了老子，老子可是一个文化名人啊，怎么舍得放他离开呢？可老子已经下定决心要离去，最后商量的结果是，老子同意写一本书留下来再走，这本书五千多字，就是我们今天看到的《老子》，也称为《道德经》。写完这本书，老子总算可以继续向西走了，最后去了哪里？谁也不知道。

这段经历也是《史记》中记载的关于老子的个人信息，我们目前知道的只有这些。我们不知道他从哪里来，也不知道他去了哪里。真的像孔子说的那样，老子就像一条充满神秘感的龙啊！

有人说老子过了函谷关后去了秦国，最后在秦国去世，古书中还记载了当地有老子的墓地。其实这种说法是不是真实并不重要，我们猜来猜去，还不如听听老子自己的回答。老子对孔子说过，风吹到哪里就停到哪里，这不就是老子离开周以后的生活状态吗？老子还说，一切都按照事物自然的状态，不要做不必要和不合适的事情；事情做好以后，要谦虚，不要觉得自己了不起，总想继续占有胜利的果实。这些话也在告诉我们，这就是典型的老子式的选择啊。

我们仔细阅读这本五千多字的《老子》，这条龙的样子就会变得越来越清楚。

关于《老子》还有一些问题。

有人说《老子》这本书不是老子写的，到了春秋以后的战国中期，甚至更晚才有了这本书。这种说法没有道理，因为很多战国的古书都用了《老子》中的内容，这说明《老子》肯定在更早的时候就开始流传了。我们今天看到的年代最早的《老子》是在一个战国中期的墓地里发现的，也能说明这一点。

现在通常使用的《老子》，分为《道经》与《德经》两部分，共八十一章，五千多个字。这个版本是三国时的学者王弼（Wáng Bì）确定的，因为王弼对《老子》做了很好的解释，影响很大，所以这个版本一直用到今天。这个版本是不是《史记》中提到的那一本？

没有证据，所以我们已经不知道，老子当年写的那个版本的原来面貌，但从一些历史资料可知，老子写成的那个版本到最后确定的版本，有一个比较复杂的过程。

本书介绍老子的思想都以这本确定的版本为依据。《老子》全书思想一致，语言风格也相同，基本可以确定是老子本人写的，后人整理过程中增加的也只是一些解释的文字。

德国哲学家尼采说，《老子》像一口永远有水的井，装满了宝贝，只要你去取，很容易就可以得到。八十一章的《老子》，每一章都是一句或者几句话，非常精彩，正如空中一颗颗明亮的星星，又像水中一颗颗美丽的珍珠。

本级词：

时机 shíjī | opportunity

沙漠 shāmò | desert

可 kě | (used for emphasis)

言语 yányǔ | words, speech

辞职 cízhí | to resign

边境 biānjìng | border

紫 zǐ | purple

舍得 shěde | to be willing to part with

总算 zǒngsuàn | at long last, finally

占有 zhànyǒu | to occupy

式 shì | style

仔细 zǐxì | carefully

当年 dāngnián | at that time

面貌 miànmào | look

依据 yījù | foundation, basis

本人 běnrén | oneself

正如 zhèngrú | exactly as

空中 kōngzhōng | in the sky

颗 kē | (a measure word, usually for something small and roundish)

明亮 míngliàng | bright

珍珠 zhēnzhū | pearl

超纲词：

飘 piāo | to float (in the air)

墓地 mùdì | cemetery

中期 zhōngqī | middle period

版本 bǎnběn | version

井 jǐng | well

练 习

1. 老子最后去了哪里？ _____

   A. 秦国　　　　　B. 函谷关　　　　　C. 周　　　　　D. 不清楚

2. 你觉得老子为什么要辞职离开周？

3. 有人认为《老子》不是老子写的，你同意吗？

第二章 继承与发展

一 前人思想文化的继承：智者可不止老子一个人啊

任何一种伟大的思想都离不开前人智慧和经验的积累。如果说老子的思想是一口装满宝贝的井，那么里面有不少宝贝是老子从前人那里仔细选择并继承下来的。

作为一名专门管理文化和历史方面书籍的官员，老子对于前人的思想文化一定比任何人都熟悉。多年的工作让他可以充分吸收利用这些珍贵的思想文化成果，并形成了自己独特而迷人的思想，影响了无数的后人。

有些对前人思想文化成果的吸收，我们一看就知道。老子常在书中明白地告诉我们这是古人的话，这是某本古书里的。当然有时候老子也会将自己的主张说成古人的思想，这在那个时代是常见的做法。

还有些对前代思想文化成果的吸收，老子在书中没有明确地告诉我们，不过我们可以在其他古书中找到它们的来源。比如老子认为柔弱比刚强更好，这是其思想的一个重要内容。这种重视柔弱的思想，在商代的古书中就已经出现，认为柔弱很重要，有特殊的作用，能缩短人们之间的距离，让人们的关系变得更亲密，这样国家就会稳定。当时人们都觉得柔弱是一种有效的管理国家的方法，老子继承并发展了这一思想传统。

主张人们在成功之后要谦虚，不要继续为自己争利益，这是老子另外一个非常重要的思想。这也是来自前人的经验。古人说，太阳升到空中最高处后，就会向下移动，月亮变圆以后就会每天缺少一点。显然这是在提醒人们，成功以后一定要谦虚小心，否则就会有危险。古书中还直接说，成功以后，不可以再长时间地停留。此外，我们后面会介绍的老子的其他思想观念，不少都可以找到直接来源，比如不要争，要让自己处在低的位置，要有爱心和同情心等等。

老子对于前人思想文化成果的吸收与利用，还有一些是更深层次的，比如女性崇拜。

早期的人类社会应该普遍存在过女性崇拜的文化现象。人类早期生存条件很差，因而人类的生存、人口的增长就成为一件最重要的事情。女性当时在劳动生产、生孩子、照顾孩子等方面发挥的作用都比男性更大，因而在经济生活与社会活动中处于主导地位，女性崇拜就由此产生了。传说中，中国的祖先也是一个女性，叫女娲，她用黄土造人的故事流传很广，这也是女性崇拜的体现。

老子的时代，女性的主导地位已经消失了，但女性崇拜的文化传统仍然存在。老子说他有三件宝贝，分别是慈爱、节俭以及不和别人争的谦虚态度。在中国人的传统观念里，慈爱、节俭、不争，包括前面提到的柔弱，都与女性的特点有关系。老子欣赏并提倡这些女性常见的特点，显然是受到了女性崇拜这一文化传统的影响。

有学者甚至认为儒家和道家的对立也可以视为男性中心文化与女性中心文化的对立。

本级词：

继承 jìchéng | to inherit

珍贵 zhēnguì | valuable

将 jiāng | (prep. used in the same way as 把)

停留 tíngliú | to stay

处在 chǔzài | in the position of

层次 céngcì | level

女性 nǚxìng | female

早期 zǎoqī | early stage

因而 yīn'ér | thus, as a result

劳动 láodòng | physical labour

男性 nánxìng | male

广 guǎng | wide

提倡 tíchàng | to advocate

视为 shìwéi | to regard ... as

超纲词：

柔弱 róuruò | weak, delicate

刚强 gāngqiáng | strong, stiff

崇拜 chóngbài | worship

祖先 zǔxiān | ancestor

慈爱 cí'ài | love, affection

节俭 jiéjiǎn | frugality

练 习

1. 传说中用黄土造人的是_____。

   A. 神农   B. 黄帝   C. 盘古   D. 女娲

2. 举例说明：老子的思想和前人的思想文化有什么关系？

3. 老子的思想和早期的女性崇拜有什么关系？

二　时代的影响：混乱的春秋末年

前面我们已经知道<u>老子</u>与<u>孔子</u>是同时代的人，那么<u>老子</u>生活的时代就是<u>春秋</u>末年。这是一个怎样的时代呢？简单地说，这是一个混乱的时代，社会正经历着巨大的变化。

<u>周</u>朝刚建立的时候，土地和人民都属于<u>周王</u>，<u>周王</u>是这样管理的：他把土地和人民分给自己的亲人，他们就是诸侯；诸侯也把分到的土地和人民分给亲人，他们就是大夫；大夫也这样做，就有了家臣。这样根据和<u>周王</u>的不同关系，形成了一个等级分得非常清楚的社会，<u>周王</u>在政治、经济等方面都拥有最高的地位。

等级如此清楚的社会是如何区别和维护的呢？靠的是礼乐制度。礼乐制度简单地说就是一套规范人与人之间等级关系的原则，让每个人都清楚自己在社会中的位置，而且知道应该做什么，不做什么，怎么做。礼的范围非常广，规定得非常细，人们的所有行为都要符合礼的规定。要弄清楚这些礼、记住这些礼可不是一件容易的事，就连<u>孔子</u>也要向<u>老子</u>请教礼呢。

<u>春秋</u>时，情况发生了变化。这时社会经济特别是农业生产发展迅速，经济制度也逐渐发生变化。诸侯国积累了越来越多的财富，一些强大的诸侯国在各方面

的力量超过了周王，周王的地位开始下降，逐渐失去了对诸侯国的控制能力。同时，也有大夫的实力超过了诸侯，不再听诸侯的命令；家臣的实力超过大夫，不再听大夫的命令。

礼乐制度也难以再维持下去了。按照礼的规定，只有周王才能举行64个人的大型歌舞表演，现在大夫也在自己家的院子里举行这样的表演了；只有周王才能在某些场合唱的歌，现在大夫也在自己家里演唱了。大家似乎都忘记了礼，忘记了自己的身份，也忘记了要按照自己的身份去做应该做的事情。这就是历史上提到的"天下大乱"，社会已经处于完全没有秩序、极其混乱的状态。

社会经济发展了，可当时老百姓的生活却越来越难了，为什么？

老子说，人民缺少粮食，是因为统治者们抢走的太多了；人民不好管理，是因为统治者做的都是对人民有害的事。国家的管理差极了，使得田中没有收获，装粮食的地方空空的，统治者们却还穿着漂亮的衣服，吃着高级的食物，抢走人民的财产，他们就是最大的强盗啊。统治者们欲望越来越大，他们不顾一切，到处搜索并占有别人的财产，社会上有钱人越来越富，穷人越来越穷。老子生气地说："自然的规律都是减少多的，来补充不足的，而社会的规则却是抢走不足的，送给原来就拥有很多的人。"

更可怕的是，诸侯国之间为了争利益，一次又一次发动了大大小小的战争。战争让老百姓的生活更加艰难，人民不得不开始采取行动反对统治者，哪怕失去生命也不害怕。老子说，人民不怕死，统治者又怎么能用死来让他们害怕呢？连死都不害怕，可见当时的老百姓承受了多大的痛苦啊！看到老百姓辛苦的生活现状，老子非常心疼，希望能帮助他们脱离这种看不到任何希望的生活。

老子非常关心社会现实，他一直在观察，一直在思考，他关心的是如何解决人类社会的各种矛盾，如何使人们生活得幸福平静。老子的思想也是在这段混乱而痛苦的社会现实的影响下，逐渐形成的。

本级词：

等级 děngjí | social class, rank

拥有 yōngyǒu | to possess

如此 rúcǐ | so, such

控制 kòngzhì | control

命令 mìnglìng | order

难以 nányǐ | difficult to

抢 qiǎng | to rob

有害 yǒuhài | harmful

不顾 búgù | regardless of

搜索 sōusuǒ | to search

不足 bùzú | insufficient

艰难 jiānnán | hard, tough

辛苦 xīnkǔ | painstaking

心疼 xīnténg | to be distressed

脱离 tuōlí | to break away from

超纲词：

诸侯 zhūhóu | dukes or princes under a king

大夫 dàfū | a senior official in feudal China

家臣 jiāchén | servant, vassal

不再 búzài | no longer

歌舞 gēwǔ | song and dance

天下 tiānxià | China or the world, all under Heaven

秩序 zhìxù | order

统治者 tǒngzhì zhě | ruler

强盗 qiángdào | robber

却是 què shì | but

练 习

1. 在周朝，等级比诸侯高的是_____。

   A. 人民   B. 家臣   C. 大夫   D. 周王

2. 为什么说当时的老百姓连死都不怕？

3. 老子的思想和当时的社会现实有什么关系？

三　楚文化的体现：老子是楚国人吗？

《史记》中说老子是楚国人，老子真的是楚国人吗？

准确地说，老子是陈国人。陈国是一个比较弱小的诸侯国，到了老子生活的时代，陈国更加弱小了。陈国和楚国靠得很近，而春秋时楚国是一个强大的诸侯国，一不高兴就消灭了陈国，有时候为了给别的诸侯国留下好的印象，又会再恢复陈国，当然最后还是消灭了陈国。

不管如何，在老子生活的时代，陈国都只是一个楚国控制的小国家，政治上、文化上都受到楚国很深的影响，老子的思想自然也受到了楚国文化的影响。

楚人认为在很久以前他们也是周人的亲人，楚人建立国家的祖先叫鬻熊^{Yù Xióng}，是一个很有学问的人，据说周王曾经向他请教过治理国家的方法。后人将与鬻熊有关系的材料收集整理成《鬻子》这本书，这本书里的思想与道家思想非常接近，汉代人写的史书《汉书》将这本书作为道家的著作记录在《老子》之前。不过，汉代人见到的这本书现在已经看不到了。

我们可以从其他古书中看到一些《鬻子》的文字，比如：要想刚强，必须依靠柔弱来维护；积累柔弱，一定可以变刚强。

这与老子主张柔弱的思想多么接近啊。柔弱可以变刚强，老子也认为事物会向相反的方向转化。如果这些古书中提到的话真实可靠的话，那么鬻子的很多思想就是老子思想的直接来源。

南方的楚国在春秋时代逐渐强大起来，其他诸侯国却总认为楚国和他们不一样，与周人完全没有关系，是南方落后的民族。

楚庄王^{Chǔ Zhuāngwáng}确实和其他诸侯国的统治者不太一样，他做了楚王后，整整三年都不管国家的事情，光顾着享受。

一个官员来劝楚庄王，他走向前说："楚国山上有一只漂亮的大鸟，三年不飞也不叫，大王您知道这是什么鸟吗？"

楚庄王说："这种鸟不是普通的鸟，它三年不飞，一旦飞起来就会飞得很

高，三年不叫，一旦开始叫就会令人震惊。"

这个官员一下子就明白了楚庄王的意思，他松了一口气，满意地离开了。果然，楚庄王真的像对话中的那只不普通的鸟，一旦开始叫就有了出色的表现。他停止了玩乐，开始认真管理国家，楚国很快变成了当时最强大的国家。

那三年楚庄王当然不是真的只想着享受，他在默默地积累力量，终于打败了很多国家，实现了从失败到成功的转变。还记得老子赠给孔子的话吗？老子说，聪明的商人都会把自己的好商品藏起来，道德水平高的人看上去大都非常普通，甚至有点傻。楚庄王似乎正是这样做的，那三年之中，别人应该也觉得他是个很傻的人吧。

楚庄王打败晋国时，有人劝他继续追敌人，他回答说："已经胜利了，为什么要再多杀人呢？"

楚国有个官员，多次担任重要的职位，人们没看到他高兴；他又多次失去职位，人们也没看到他伤心。楚王和官员的这些行为，与我们将要在后面介绍的老子思想非常一致，显然老子的思想中吸收了不少楚国人的经验与智慧，受到了楚文化的影响。

本级词：

恢复 huīfù | to recover, to restore

治理 zhìlǐ | to govern

收集 shōují | to collect

转化 zhuǎnhuà | to change, to transform

劝 quàn | to persuade

向前 xiàngqián | forward

一旦 yídàn | once

令 lìng | to make, to cause

震惊 zhènjīng | to shock

一下子 yíxiàzi | all at once

一口气 yìkǒuqì | one breath

赠 zèng | to give as a present

大都 dàdōu | mostly

之中 zhīzhōng | in, among

杀 shā | to kill

将要 jiāngyào | will, to be going to

超纲词：

弱小 ruòxiǎo | small and weak

消灭 xiāomiè | to wipe out

练 习

1. 《鹖子》一书中的思想和哪本书比较接近？_____

   A. 《汉书》　　　　B. 《史记》　　　　C. 《论语》　　　　D. 《老子》

2. 文章中那只漂亮的大鸟和楚庄王有什么关系？

3. 楚庄王胜利后没有继续追敌人，你欣赏他的这一做法吗？

四　独特的隐士群体：不一般的隐士

"隐"的意思是藏起来不让别人发现，那么隐士就是独自居住，不让别人发现的人吗？

老子在周朝做了很多年的官，后来辞职离开；出了函谷关以后，就再也没有人知道他去了哪里。那么老子算不算一个隐士？

我们先来了解一下隐士这个特殊的群体，就会找到答案。我们可以根据隐居的原因来分类。

有一类隐士是先做官，然后辞职隐居的。为什么辞职隐居？也有多种原因：

有些人是因为对统治者失望而主动辞职隐居的，微子（Wēi Zǐ）与箕子（Jī Zǐ）属于此类。纣王（Zhòuwáng）是商朝的最后一个国王，他很聪明，力气很大，却是一个人人讨厌的国王。他整天只知道享受，把酒倒满了池子，把肉挂起来，看上去像树林一样，他还想出各种可怕的方法对待反对他的人，甚至也这样对待普通人，这让他觉得很开心。微子与箕子多次去劝纣王，纣王不听，于是他们就离开了。

有些人是因为不愿意为新的统治者服务而隐居，伯夷（Bó Yí）、叔齐（Shū Qí）就是如此。商朝

23

灭亡以后，他们不愿意吃周朝的食物，就隐居在山中，最后饿死了。

还有一些人知道做官是一件很危险的事，于是成功以后就及时退出，不再做官。范蠡是这类隐士的代表，他帮助越王灭亡吴国后说："天上飞着的鸟都已经射光，好的弓箭就可以收起来了；地上跑着的兔子都已经抓完，帮助抓兔子的狗也就没有作用了。"所以他什么奖励也没要，坚定地离开了。

另外一类隐士终身都不做官。他们道德水平很高，有知识有能力，但对社会的混乱，对各种不合理的现象非常不满，所以主动选择不做官，不与统治者合作。

春秋末年，天下大乱，社会已经处于完全没有秩序、极其混乱的状态。有道德的人都对这样的现实非常担心，但他们在如何解决问题这方面意见不一致，做法也不一致。

一部分人，比如孔子，他们选择的是积极行动起来，寻找参与政治的机会，试图改变不合理的现实，让社会恢复正常。而隐士对现实彻底失望，他们觉得这样的社会已经无法变好了，但也不愿意与统治者合作，让这个社会变得更坏，于是就暂时隐居起来，远远地看着这个世界。

我们在《论语》中偶尔会看到这两类人遇见的情景。楚国的一个隐士经过孔子乘坐的车时，大声唱起来："现在参与政治已经很危险了，过去的事情已经没办法改变，现在去做个隐士还来得及。"隐士觉得天下这么混乱，无法改变，劝孔子早点离开，孔子听了，连忙下车想和他说话，隐士却快步回避了。不难看出，这两类人其实内心是互相理解的，隐士希望孔子不要明明知道改变不了社会，还要坚持去做，而孔子有时遇到太多打击时，也会想去过隐居的生活。

隐士虽然对现实不满，不与统治者合作，但他们的思想并不消极，他们的做法也不是回避现实。隐士们往往道德水平都很高，他们过着穷日子，不追求物质享受，主张过一种内心自由的生活。他们觉得，只有与统治者保持一定的距离，才能冷静地观察社会，自由地发表自己的看法，批评现实的政治。

隐士的这些思想与行为和老子的思想有几分相似，老子在当时应该比较认可他们的做法。

老子最后也辞了职，做了一个这样的隐士，而老子积累的丰富的历史知识与人生经验，又让他对社会和人生的思考远远超过了一般的隐士。

本级词：

群体 qúntǐ | group

再也 zàiyě | any more

分类 fēnlèi | to classify

讨厌 tǎoyàn | to dislike

池子 chízi | pond

奖励 jiǎnglì | award

坚定 jiāndìng | firmly

终身 zhōngshēn | all one's life

试图 shìtú | to attempt

暂时 zànshí | for the time being

偶尔 ǒu'ěr | occasionally

乘坐 chéngzuò | to take (a means of transport)

看出 kànchū | to see, to be aware of

明明 míngmíng | clearly, obviously

打击 dǎjī | blow

超纲词：

隐士 yǐnshì | recluse, hermit

隐居 yǐnjū | to live in reclusion

国王 guówáng | king

灭亡 mièwáng | to perish, to be destroyed

练 习

1. 觉得成功以后继续做官是一件危险的事，于是隐居起来的人是＿＿＿＿＿。

   A. 微子　　　　　B. 范蠡　　　　　C. 伯夷　　　　　D. 叔齐

2. 你觉得隐士对社会的态度是关心还是回避？

3. 隐士与孔子对待社会的方式不同，你更欣赏哪一种？

第三章 道与德

一　　　**"道"的字义：只是道路的意思吗？**

老子的思想被称为道家思想，《老子》又叫《道德经》，可见"道"在老子思想中是一个极其重要的概念。

确实，老子的思想都是围绕着"道"而展开的，可要说清楚"道"指的究竟是什么，并不是一件容易的事。为什么呢？因为就连老子本人对"道"这个名称也不太满意，可惜他也找不到更合适的了。

"道"最初的意思是"人走的道路"，和很多其他词语一样，慢慢地在"道路"这个意思的基础上，有了更多的意思。因为道路可以反复走，很有规律，所以"道"有了"事物运动变化的规律"这一意思；因为人们必须在道路上走才能到达终点，所以有了"事物发展和人的行为必须遵守的原则"这一意思；因为道路是人们到达终点的方法，所以又有了"认识事物、解决问题的方法"这一意思，等等。

表示"规律""原则""方法"等意思的"道"，到了春秋时变成了人们经常使用的一个概念，讨论"道"甚至成为当时的流行文化。人们认为自然现象以及社会生活的每一方面都有自己的规律、原则和方法，都有自己的"道"。

按照已有规律发展，维持着传统秩序的社会就是"有道"的社会，而老子与孔子生活的时代，传统的秩序被打破，社会好像失去了已有的发展规律，所以当时的社会状态就被描述为"天下无道"。老子与孔子还有当时很多有智慧的人，他们努力的目标就是要把那个"无道"的社会重新恢复为"有道"的社会。

　　"天之道"指自然规律，"人之道"指人类社会的规律。不过在中国古人的观念中，"天"指的不仅仅是自然存在的那个天，同时也是拥有神秘力量的天，是万物的创造者，能够决定人间的一切。这样"天之道"与"人之道"虽然表面看来有区别，其实内在却是一致的，是合在一起的。

　　"天之道"与"人之道"虽然一致，不过地位却不平等，"天之道"决定"人之道"，而"天之道"却不受"人之道"的影响。讲到"天之道"时，虽然看起来是在说自然现象，实际上都是在讲人间的道理，教人如何在社会中做事情。直到现在，中国人也常将"天意"这个词挂在嘴边，觉得一件事本来就应该如此时，会忍不住说出这个词来。"天意"，这可是天的意思啊，我们只能接受！可见这一观念对中国人的影响非常大。

　　老子的思想中，天已经不是万物的创造者，而是和万物差不多的存在（这一点我们会在以后详细介绍），不过老子仍然习惯用"天之道"来说明"人之道"。比如他说，大风来了，吹倒的是高大的树，柔弱的小草依然充满活力，其实想告诉我们的是人要保持柔弱，不要太刚强；他说，不管多高大的树也是一点一点长成的，这是告诉我们要重视积累，也要有耐心。这样的例子太多了。我们了解了老子思想形成的真正动机后，就会发现他的整个思想其实都是从"天之道"落实到"人之道"。

　　老子创立自己的思想之前，"道"已经是一个普遍使用的概念，表示自然现象以及社会生活中的规律、原则和方法等，这种意思的"道"在《老子》中也很常见。这虽然还不是老子思想中的那个最重要的概念"道"，但已经离得越来越近了。

本级词:

围绕 wéirào | to revolve around

可惜 kěxī | unfortunately

终点 zhōngdiǎn | destination

遵守 zūnshǒu | to observe, to abide by

人间 rénjiān | human world

内在 nèizài | inherence

忍不住 rěnbúzhù | can't help (doing sth)

详细 xiángxì | in detail

高大 gāodà | tall and big

活力 huólì | energy, vigour

耐心 nàixīn | patience

动机 dòngjī | motivation

落实 luòshí | to implement

创立 chuànglì | to create, to found

超纲词:

万物 wànwù | all things on earth

天意 tiānyì | the will of Heaven

练 习

1. 哪一个不是"道"的意思？ _____

   A. 道路   B. 规律   C. 原则   D. 创造

2. 人们什么时候会使用"天意"这个词语？

3. 中国古人觉得自然的规律和社会的规律有什么关系？

二　道是什么：看不见摸不着的道

老子思想中最重要的概念"道"虽然被视为老子的专利，但也是在前人的认识基础上发展起来的，符合思想发展的内在逻辑。

老子进一步把"道"上升为世界万物的根源和存在的根据，它产生并决定万物。道家思想就是在"道"的基础上建立起来的。

为什么说这个"道"不易讲清楚呢？为什么这个名称老子不太满意，却也找不到一个更合适的了呢？这个"道"到底是什么？我们先来看看老子自己是怎么说的。

老子说，有一个东西，它是一个无法分开的整体，在天地形成之前就已经存在了，我们不知道它的名字，暂时将它称为"道"吧。

老子又说，这个东西，我们看不见它的样子，听不到它的声音，伸出手也摸不着它。

为什么"道"看不见，听不到，也摸不着？

老子说的这个"道"永远存在，可一旦能看见听到，能摸着，那就是现实中存在的具体事物。具体的事物都有消亡的那一天，不会一直存在。

为什么无法给"道"一个准确的名称？

有了名称之后，就不能再指其他事物，比如名称为"苹果"的那种事物，就不能再指梨子，更不能指大熊猫。既然"道"是万物的根源，那就不是任何一个具体的事物，当然就不可能有一个名称；暂时给它一个"道"的名称，也只是为了方便去描述它，去说明它。老子觉得天和地也是可以看到的，所以它们也是有名称的具体事物，不会永远存在，所以不是万物的根源。

老子思想中最重要的"道"不是任何具体的事物，它永远存在，这样才有资格做万物的根源，包括天和地的根源也是"道"。

《老子》第一句话就是："道可道，非常道；名可名，非常名。"意思是：可以用语言来表达的，就不是那个永远存在的"道"；可以用来指事物的名字，都不是可以用来称呼"道"的名字。

这个无法说清楚的"道"真是神奇啊：朝着它走过去，看不见它的前面；跟随在它后面走，也看不见它的后面。

老子用了很多描述现实中具体事物的词语去描述"道"，然后又一个一个地加以否定，比如：看它的样子——看不到；听它的声音——听不到，等等。老子正是用这样的方法，让人们明白"道"和具体事物不一样，突出"道"的特殊性。

看了老子的描述，我们可能会问，这样看不见摸不着的"道"真实存在吗？

老子的答复是："道"是真实存在的，并不是空空的什么都没有。"道"虽然不像普通事物那样有具体的形象，但没有形象不也是一种特殊的形象吗？老子把"道"这种特殊的形象称为"大象"，他说，最大的声音反而听不清楚，最大的形象反而看不见模样。

老子思想中的"道"是超越一切的存在，所以需要与万物有本质的区别。但是强调了"道"的特殊性，又会让人觉得"道"可能并不存在，不存在的东西怎么可能成为世界的根源呢？所以老子又要强调"道"是真实存在的。

要思考世界的根源，并用文字表达清楚，这在老子的时代真是一件很难的事啊！老子之前似乎还没有中国人思考过这么有深度的问题。中国传统哲学比较关注的往往是政治和人生的问题，老子却把人类思考的范围扩大到了整个宇宙。

老子提出了"道"这个无法用语言来表达的概念，这个虽然看不见也摸不着，却真实存在着的"道"，是世界万物的根源和基础，也是老子思想的根源和基础。

本级词：

专利 zhuānlì | patent

逻辑 luóji | logic

不易 búyì | not easy, difficult

大熊猫 dàxióngmāo | panda

用来 yònglái | (to be) used for

神奇 shénqí | magical, miraculous

跟随 gēnsuí | to follow

加以 jiāyǐ | (used before a disyllabic verb to indicate that the action is directed towards sth. or sb. mentioned earlier in the sentence)

答复 dáfù | answer

模样 múyàng | appearance

超越 chāoyuè | to go beyond, to transcend

深度 shēndù | depth

超纲词：

根源 gēnyuán | source, origin

消亡 xiāowáng | to die out, to wither away

称呼 chēnghu | to call, to address

本质 běnzhì | essence

宇宙 yǔzhòu | universe

练 习

1. 老子没有从哪个角度去感受"道"？ _____

   A. 看　　　　　　B. 听　　　　　　C. 摸　　　　　　D. 尝

2. 为什么老子说"道"是看不见摸不着的？

3. 为什么老子对"道"这个名称不太满意？

三　道生万物：万物生于有，有生于无

强调"道"与万物不同的特殊性，会让人觉得"道"可能并不存在，不存在的东西当然不可能是万物的根源；强调"道"真实存在，又让人觉得"道"与万物没什么差别，自然也不可能是万物的根源。老子是怎么解决这个难题的呢？

老子善于观察生活，也善于思考，他从生活经验中总结出了"有"与"无"这对概念，正是这对概念让老子完美地解决了这个难题。

老子把"道"看成"有"与"无"的统一，这是老子的创造。真实存在的一面是"有"，看不见、听不到、摸不着的一面是"无"，"有"与"无"统一的"道"既体现了与具体事物的区别，又体现了与具体事物的联系。"有"的一面说明"道"中存在着一切可能，拥有无限的生命力和创造力，是万物的根源；"无"的一面说明"道"中的生命力、创造力还没有显现出来。

老子说："天下万物生于有，有生于无。"

"道"是"有"与"无"的统一，所以这里的"有"与"无"指的都是"道"，这句话描述了"道"产生万物的一个动态过程。也有人认为这句话里的"有"指的是万物，"无"指的是"道"，这样"有"与"无"就被分为了不同的事物，我们觉得这样的理解不符合老子思想。老子说，"有"与"无"是同一个来源，只是名称不同。

"道"在天地形成之前就存在了，它的存在不受时间和空间的限制，也不受其他事物的影响；"道"产生了万物，是万物的根源和存在的依据。万物不断地产生，不停地生长，从中我们可以感受到"道"的能量，这个能量从看不见到看得见的过程就是"道"创造万物的过程。那么我们难以感觉到它存在的"道"，是如何一步一步地创造出天地万物的呢？

老子已经告诉了我们答案，他说："道生一，一生二，二生三，三生万物。"

"道"创造万物的第一步是"道生一"。老子说，"道"是一个独立存在的整体，因而"道生一"中的"一"指的仍旧是"道"，这是看不见摸不着的"道"创造出看得见摸得着的万物的一个准备阶段。

　　"一生二"是一个非常重要的阶段，是"道"变化为具体的万物的开始。"道"虽然是一个不可分的整体，但自身具有两种既互相对立又互相补充的性质，在这种内部矛盾的作用下，"道"分出两种既互相对立又互相补充的物质。这两种物质，一个向上升高形成天，一个向下降落形成地。老子觉得天地与天地间的万物既相同又不同：相同点是它们都是具体的事物，都不会永远存在，所以天地不是万物的根源；不同点是万物都生在天地之间，天地的存在一定早于万物。

　　"二生三"是第三个阶段，两种既互相对立又互相补充的物质产生后相互作用，万物处在产生前的最后一刻，即将产生。

　　"三生万物"是最后一个阶段，两种物质相互作用的结果就是万物产生了。万物因此也是两种既互相对立又互相补充的物质的统一体，这一点很重要，决定了万物的运动和发展，我们以后会介绍。

　　到这里，"道"完成了创造万物的全过程，这也是老子对宇宙产生的理论。

　　也有人认为这里的"一""二""三"不必理解得那么具体，这几个数字只是用来描述"道"产生万物、由简单到复杂、越来越多的变化过程。

本级词：

看成 kànchéng | to view as, to regard as

动态 dòngtài | dynamic (state)

不停 bùtíng | without stop

从中 cóngzhōng | from

能量 néngliàng | energy

仍旧 réngjiù | still, as before

向上 xiàngshàng | upward

升高 shēnggāo | to rise, to ascend

刻 kè | moment

超纲词：

看得见 kàn de jiàn | visible

1. 下面哪一项不是 "道" 的特点? _____

    A. 看不见   B. 听不到

    C. 摸不着   D. 不是真实存在的

2. 在<u>老子</u>看来,天地与天地间万物的相同点和不同点分别是什么?

3. 你怎么理解<u>老子</u>将 "道" 看成 "有" 与 "无" 的统一?

四 德养万物：德是道的展现

万物产生了，创造了万物的"道"去哪儿了呢？

"道"创造出了万物，就好像万物的母亲一样，孩子出生后，母亲要继续照顾、教育自己的孩子，"道"也是如此。

当然，"道"与万物的关系和母亲与儿女的关系也存在着一些差别。母亲在孩子出生后要继续照顾自己的孩子，但母亲与孩子是各自独立的个体，母亲只能陪在孩子的身边，"道"就不一样了。

老子说，"道"创造万物，"德"养育万物。

《老子》又叫《道德经》，分为《道经》与《德经》两部分。不难看出"德"也是老子思想中的一个重要概念，那么负责养育万物的这个"德"是什么呢？

"道"创造出万物以后，并没有离开，也不是在万物身边陪着，而是存在于万物之中。万物产生离不开"道"，产生后同样离不开"道"，"道"是万物存在的依据。每个物体能与其他物体区别开来，正是因为"道"存在于物体中，没有"道"这个内在依据就没有物体的个性。比如说土豆是土豆，不是西红柿，西红柿是西红柿，不是土豆，这都是因为"道"在内部发挥作用，作为它们存在的依据。

老子将存在于万物之中并作为万物存在依据的"道"称为"德"，所以才说"道"创造万物，"德"养育万物。

如此看来，万物与"道"从来就没有分离过，也不能分离。万物创造之前，万物就在"道"中，与"道"是一个整体；万物创造之后，"道"就在万物中，与万物仍是一个整体。"德"就是存在于万物之中的"道"，"道"负责创造万物，"德"负责让万物拥有各自的个性，自由生长。"道"与"德"本来就是一样东西啊，看不见摸不着的"道"在万物中展现出来就是"德"。

万物与"道"不同，不是永远存在的。万物有产生有消亡，那么万物消亡以后去哪里了呢？

老子说，"道"广大看不到边，可以延伸到很远的地方，但无论走到多远的地方，最后都要返回最初的地方。老子又说，"道"循环运动，永远都不停止。

"道"的特点是运动和变化，运动变化也成了万物的特点。"道"随着具体事物的形成和发展变化走到了远处，但不管走多远，具体的事物都会消亡，万物消亡就是回到了当初那个还没有创造万物的"道"，一个循环完成了。因为万物的返回，"道"再次拥有了无限的生命力与创造力，一个新的循环又开始了，永远不停止。

草儿黄了，还会变绿；树叶落了，还会再长；花儿落了，还会再开；日月起起落落，季节来来回回。老子从复杂的自然现象中看到了不断循环的规律，他觉得万物消亡并不是彻底消失，而是回到了永远存在的"道"，然后再进入下一次循环，正如春去冬来，冬去春又来。

自然里的万物都会回到最初的地方，那么老子觉得人也应该回到婴儿时的自然天真，社会也应该回到人类初期简单原始的状态，这才符合"道"的规律，这就是"有道"。这些问题我们在后面还会详细讨论。

老子将人类思考的范围扩大到了整个宇宙，同时又将关于"道"的认识运用到了社会政治和人生方面，提出了很多重要的观念，作为解决实际问题的指导，或者说提供一个看问题的角度。

本级词：

展现 zhǎnxiàn | to unfold before one's eyes

儿女 érnǚ | sons and daughters

陪 péi | to accompany

土豆 tǔdòu | potato

西红柿 xīhóngshì | tomato

分离 fēnlí | to separate

延伸 yánshēn | to extend

返回 fǎnhuí | to return

随着 suízhe | along with

远处 yuǎnchù | (in the) distance

再次 zàicì | once again

初期 chūqī | initial stage

原始 yuánshǐ | primitive

超纲词：

养育 yǎngyù | to bring up, to rear

物体 wùtǐ | body, physical object

循环 xúnhuán | to circulate, to move in a circle

练 习

1. 老子从自然现象中发现了事物循环运动的规律，下列哪一个现象文中没有提到？ _____

   A. 鸟儿飞走又飞回　　　　　　B. 花儿落了又开

   C. 草儿黄了又绿　　　　　　　D. 日月升起又落下

2. "道"与"德"有什么关系？

3. 母亲与孩子的关系和"道"与万物的关系完全一样吗？

第四章 自然与无为

一 自然：自然的才是最好的

老子哲学常被称为"自然"哲学，"自然"是老子思想的基本精神。和"道"一样，"自然"是我们了解老子思想的另一个关键词语。

老子说："人法地，地法天，天法道，道法自然。"

"法"的意思是按照别人的做法去做，学习别人好的方面。人要学习地，地要学习天，天要学习"道"，"道"要学习"自然"。其实老子的意思是不仅"道"要学习"自然"，天、地、人以及万物要学习的都是"自然"，可见"自然"是最高的标准。

这里的"自然"不是我们平时熟悉的大自然，而是形容事物自身如此、本来就这样的状态。老子觉得万物如果不受其他事物影响和干扰，按照本来如此的方式自然生长，一般都能发挥出自身最好的状态，同时能与周围的其他事物保持良好的关系。

比如一个原始森林里，各种动植物都按照自己的方式自然地生长消亡，阳光、空气、土、水分等也是自然地存在着，没有特别的安排，它们一起组成了一个美好的森林。同时，原始森林还能给周围的环境带来好的影响——调节气候、减少自然灾害、让空气更新鲜等等。一旦来旅行的人数增多，或者有人来破坏植物，杀死动物，森林的美好状态很快就会被破坏。即使去做一些人类认为的好事情，也会破坏森林原有的美好状态，比如为了保护森林里的兔子，就大量杀死吃兔子的狼，最后狼变少了，兔子也因为数量过多缺少食物而死。这些是当代人经常做的事情，人类也因此付出了巨大的代价。

不管是破坏森林的不良行为，还是人类认为的好事，对森林来说都是一种干扰。人类没有遵守"自然"的原则，不能让事物保持它们本来的状态，所以造成了很多问题。本来的自然状态才是最好的状态，而这种最好的状态，事物依靠自身就可以达到，正如天上降落的雨水，不需要人的命令和安排，它就会没有差别地洒在地面上，给万物提供水分。

"道"是最高的存在，也要遵守"自然"的原则。"道法自然"一方面指"道"的存在和运动完全依靠自身，不需要外面的力量，另一方面指"道"对待万物也要遵守"自然"的原则。

通过前面的介绍，我们已经知道老子思想中万物的生长过程："道"创造了万物，又用"德"的形式养育着万物，万物因此都拥有了各自的特点，在四周环境的影响下，万物生长成熟，太阳、月亮、星星、沙漠、平原、山区……热热闹闹的世界景象就展现出来了。万物的产生与成长都离不开"道"，所以万物都尊重"道"。

"道"能赢得万物的尊重，更重要的是因为"道"虽然创造了万物，但从来不把自己视为万物的主人，控制它们的成长，也不要求得到万物的任何回报。"道"创造万物的过程是自然的，完全没有目的，万物的成长过程也是自然的，它们按照各自的特点发展成独特的存在，"道"从来不干扰，只有辅助。"道"与万物间的关系就是最自然的关系，也是最完美的关系。

古时候有一个人，觉得自己家田里的禾苗长得太慢，就把每一棵禾苗都拔高了一点。回家后他自豪地对家人说："今天太累了，不过我帮禾苗长高了！"儿子跑到田里一看，禾苗都已经死了。这个人过分地干扰禾苗的成长，反而害死了它们，正是因为他违反了"自然"这一原则啊！

自然的才是最好的，自然是事物存在与发展的最好状态，也是处理各种关系的最好原则。

本级词:

关键 guānjiàn | key

干扰 gānrǎo | to disturb

水分 shuǐfèn | moisture

调节 tiáojié | to regulate

灾害 zāihài | disaster

增多 zēngduō | to increase

即使 jíshǐ | even if

代价 dàijià | price, cost

不良 bùliáng | harmful

雨水 yǔshuǐ | rainwater

四周 sìzhōu | all around

平原 píngyuán | flatlands

山区 shānqū | mountain area

景象 jǐngxiàng | scene, sight

尊重 zūnzhòng | to respect

回报 huíbào | reward

辅助 fǔzhù | to assist

拔 bá | to pull up

自豪 zìháo | proudly

害 hài | to do harm to

违反 wéifǎn | to violate

超纲词:

狼 láng | wolf

禾苗 hémiáo | seedlings of cereal crops

练 习

1. 老子思想中"自然"的意思是_____。

  A. 大自然   B. 本来就这样   C. 自己   D. 遵守规则

2. "道"如何遵守"自然"的原则?

3. 文中认为森林被破坏、禾苗死去的根本原因是什么?

二　无为：无为而无不为

自然的才是最好的，可如何才能达到自然的状态呢？老子说，那就要"无为"。

"为"指人的一切行为，那么"无为"是干脆什么都不做吗？

这是对老子非常大的一个误会，可真的有很多人这样看待老子的"无为"思想。因而他们有的人觉得老子做事情的态度太消极了，人应该更积极一些才对；有的人一旦遇到失败，就觉得既然积极地努力也不能成功，那还不如像老子那样什么都不做呢。

显然他们都没能真正地理解老子的"无为"思想。

"无为"并不是什么都不做，而是让人们不要做不合适的事情。什么是不合适的事情呢？破坏了事物自然状态的事情就是不合适的事情，比如故事里觉得禾苗长得太慢的那个人，他着急地将禾苗拔高，这就是不合适的事情，结果是禾苗不仅没长得更高，反而很快就死了。

这种不合适的"为"，我们常常可以见到。为了获得更好的成绩、更高的职位，放弃一切休闲，甚至影响正常的睡眠时间，结果损害了自己身体和心理的健康；为了经济的快速发展，破坏环境，破坏人们正常的生活节奏，最后经济的发展也难以持续。禾苗的生长、人的发展、经济的发展都有自身的规律，老子说的"无为"就是要避免人们做这些不符合事物发展规律的事情。不必要、不合适的"为"不仅对事物的发展没有帮助，反而会让事情变得更糟。

那什么是可以"为"的呢？老子说，人们可以做符合事物发展规律的事，辅助事物的生长，保持自然发展的最好状态。

一方面，符合事物发展规律的事情，我们可以去做。比如禾苗的生长离不开水，缺水时，我们及时提供足够的水分，还可以拔去田里影响禾苗自由生长的草，这样禾苗可以更好地完成自然生长的过程。再比如，我们可以努力寻找合适的方法和方向，那么人就可以获得最好的发展。每个人都是不一样的，都有和别

人不一样的发展规律，找到规律，自然就可以得到最好的发展。这样的"为"老子不仅不反对，反而鼓励人们努力去做。

另一方面，努力让自己和别人都不做不必要、不合适的事情，给事物自由发展的空间，这其实也是一种"为"，而且这并不容易做到。比如不少父母看到孩子摔倒时，会忍不住立刻抱起孩子，也会忍不住指导孩子甚至强迫孩子，选择父母认为正确的道路，将孩子变成只会听命令的机器人。明明知道孩子摔倒，自己爬起，才能更快更好地学会走路，明明知道尊重孩子自己的选择才能帮助他更自由更幸福地成长，可有些父母还是很难做到让孩子在父母的关爱和帮助下自然地成长。

老子说的"无为"，在这里就是指父母不要干预，不要过分地关爱孩子，而父母必要的关爱和帮助就是可以"为"的，可以让孩子达到自身最好的状态。

老子又说"无为而无不为"，很多人以为老子的意思是看起来什么都不做，其实偷偷地什么都做，这无疑又是一个误解，其实还是因为没能真正地理解老子说的"无为"。"无为而无不为"的意思是，只要不去做不合适的事，就没有什么事情是做不好的，"无不为"是"无为"的必然结果。只要我们尊重事物自身发展的规律，不做不必要、不合适的事情，事物自身就会发展到最好的状态，那么还有什么事情做不成呢？

本级词：

干脆 gāncuì | simply

看待 kàndài | to look upon

放弃 fàngqì | to give up

休闲 xiūxián | leisure

睡眠 shuìmián | sleep

损害 sǔnhài | to damage

糟 zāo | bad

鼓励 gǔlì | to encourage

摔倒 shuāidǎo | to fall down

强迫 qiǎngpò | to force

机器人 jīqìrén | robot

干预 gānyù | to intervene

偷偷 tōutōu | secretly

误解 wùjiě | misunderstanding

超纲词：

节奏 jiézòu | rhythm

关爱 guān'ài | care and love

练 习

1. 老子思想中"无为"的意思是_____。

    A. 什么都不做   B. 不做不合适的事情

    C. 没有成就   D. 没有原则

2. 请结合生活实际，谈谈你对老子"无为"思想的理解。

3. "无为而无不为"的意思是什么？你同意老子的这一观点吗？

三　自然的天：天也和万物一样

老子说，天和地的存在也只是暂时的，并不会永远存在。

前面我们介绍过，老子认为"道"在天地形成之前就存在了，天地和万物一样，其根源都是"道"。显然老子觉得天和万物一样，也是一个自然的存在，有形成的那一刻，也有消亡的那一刻。这种看法在今天看来并不特别，可在老子生活的时代却是一个了不起的突破。

当时人们普遍认为天是有意志的最高的神，世界上的一切都是上天创造出来的。人们还相信，世界上的事物都是上天为了人类而创造出来的，世界上发生的一切事情也都是上天安排好的，比如日月星辰、春夏秋冬、雨雪雷电等一切事物的创造都是为了人类的生活，都有目的。天的意志和命令就叫"天命"，无论是国家、社会还是个人，都受"天命"的控制。

然而上天并不会真的像人间的统治者那样下命令，那么人们如何知道"天命"是什么呢？

当时，一切风、雨、雷、电等自然现象都被看成"天命"，人们会通过观察自然中的各种变化来猜测"天命"，并调整自己的行为。天文现象也是"天命"，一旦出现特别的天文现象，人们就觉得人间一定会有重要的事情发生。

人们还会想出各种办法和天沟通，了解"天命"，并请求天的保护。从商代留下的文字中，我们知道当时的人们不管大事小事，比如战争、天气、孩子的性别等，都要问问天，希望能预测未来，尽量避免不好的事情发生。

古书中对"天命"的描述非常多。和老子同时代的孔子虽然很少谈到天，但他也说自己到了五十岁就知道"天命"了，还曾经因为"凤鸟不至"而失望。为什么呢？原来凤鸟是传说中一种神奇的鸟，只在好的时代出现，那么凤鸟出现或者不出现，也是一种"天命"。孔子等不到凤鸟出现，就认为自己期待的好时代也不会出现了。

其实在春秋时代，"天命"的观念已经开始受到越来越多的怀疑，但还没有人有能力否定天是有意志的最高的神。老子的思想正是在这样的文化背景下产生的，他用"道"否定了天的最高地位，天就是普通的自然存在的事物，没有意志，因而也没有控制一切的神秘力量，更不可能有什么目的。

老子思想中创造一切的"道"是自然无为的。"道"虽然创造了包括天的一切事物，但这个过程是自然的，没有任何目的，也不会去影响控制万物。老子不仅否定了有意志的天，而且否定了任何自然之外的神秘力量，一切都是自然如此的。

老子的这一思想对后人影响很大。古书中有这样一个故事：

有人感谢上天创造出粮食、鸟、鱼等给人吃，另一个人不同意他的说法，问道："老虎吃肉，蚊子会吸人的血，难道肉和人也是天创造出来，专门给老虎和蚊子吃的吗？"

不过类似"天命"的观念依然存在，到了汉代还形成了系统的思想，将"天命"和人间的事情联系在一起，比如在汉代如果发生日食，统治者会觉得是自己做错了事情，他们往往会批评自己并努力改正错误。

本级词：

突破 tūpò | breakthrough

意志 yìzhì | will

神 shén | god

猜测 cāicè | to guess

天文 tiānwén | astronomy

沟通 gōutōng | to communicate

大事 dàshì | great event

至 zhì | to arrive

之外 zhīwài | beyond

虎 hǔ | tiger

超纲词：

星辰 xīngchén | stars, constellations

凤 fèng | phoenix

蚊子 wénzi | mosquito

日食 rìshí | solar eclipse

练 习

1. 古人认为"天命"表现出的现象，文中没有提到的是_____。

   A. 风、雨、雷、电　　　　　　B. 特别的天文现象

   C. 日食　　　　　　　　　　　D. 地震

2. 为什么凤鸟不出现，<u>孔子</u>会失望呢？

3. 请谈谈<u>老子</u>对天的看法和当时大多数人的看法有什么不同。

四　圣人：没有喜欢和不喜欢的差别

老子说，天地把万物看成一种用草做成的狗。天地把世界上的万物都看成狗，这是什么意思？老子接着又说，圣人把老百姓也看成一种用草做成的狗。什么？居然把老百姓也看成狗？怎么能把人也看成狗呢？

这种草做的狗，一般被认为是人和神沟通过程中使用的一种东西，使用时它们的作用很大，因而地位很高，不过用完之后就被扔在路边没人管了。人们的态度前后差别很大，但态度好时不是因为喜欢它们，态度不好时也不是因为不喜欢它们。

天地把万物都看成这种草做的狗，意思是天地对万物的态度没有喜欢和不喜欢的差别。以前的人们总是以为世界上有一个控制一切的神，他们将一切自然现象都视为有生命的东西，同时认为天对人特别关心。老子否定了这种看法，在他看来，天只是个自然的存在，没有像人那样的感情，没有爱也没有恨，不会对不同事物有不同的态度，所以天地中的万物都是平等的，它们都不受控制地自然生长着，都有自身发展的规律。

既然天地对待万物的态度都一样，不会喜欢这个，讨厌那个，而是让它们自然地生长，那么人类的统治者也应该如此啊。所以老子接着说，圣人把老百姓都看成草做的狗，意思是圣人平等地对待老百姓，没有喜欢与讨厌的差别，不控制他们，让他们自由地生活。

圣人是社会中符合最高理想的人物，老子希望统治者能向圣人学习，也这样对待老百姓。以孔子为代表的儒家和以老子为代表的道家，他们的理想人物都被称为圣人，不过两家圣人的标准并不相同。儒家的圣人是一个符合社会规定的最高道德标准的人，而道家的圣人是一个符合老子"自然无为"标准的人。

老子认为，道德水平高的人从来不想着要做一个有道德的人，这才是真正有道德的人；倒是那些道德水平一般的人，整天想着要做一个有道德的人。

老子的这种说法看起来比较奇怪，其实仔细想一想很有道理。鱼儿生活在水中，不会感觉到水的重要；人生活在空气中，也很难感觉到空气的重要：拥有的时候不会感到需要，只有失去了才感到非常需要它们。同样的道理，真正有道德的人，不会感到需要道德，不会想着做什么都要符合道德的标准；失去道德的人才会感到需要道德，做什么都要努力符合道德的标准啊。

老子理想中的圣人不需要努力地去追求道德，是自然无为的，因为他们已经拥有最高的道德，他们平等地对待老百姓，不控制他们，让人们按照自己的方式自由地生活，拥有各自的个性。

老子生活的时代，很多人尤其是统治者，为了自己的利益，为了满足自己的欲望，做了很多不合适的事情，所以老子提出了"自然"和"无为"的观点。老子希望人们"无为"，也就是停止做不合适的事情，这样社会就会恢复正常，回到"自然"的状态，也就是最好的状态。

"自然"和"无为"是老子解决政治、人生等一切问题的根本原则，我们在后面还会经常谈到。

本级词：

居然 jūrán | unexpectedly

恨 hèn | hate

倒是 dàoshì | (adv. indicating an unexpected transition)

尤其 yóuqí | especially

超纲词：

圣人 shèngrén | sage

练 习

1. 下面哪一项不符合道家"圣人"的标准？ _____

   A. 自然   B. 无为

   C. 符合社会规定的最高道德标准   D. 不控制老百姓

2. 文中为什么要提到水中的鱼和空气中的人？

3. 老子说，真正有道德的人从来不想着要做一个有道德的人，你同意这种说法吗？

第五章 对立与循环

一 　**共存：离开了丑，就没有了美**

老子说，大家知道了什么是美，也就知道了什么是丑，同样，如果都知道什么是好的行为，那么也就知道了什么是不好的行为。

老子从生活现象中发现，任何事物都有与自己对立的另一个事物存在，比如美和丑、香和臭、有和无、前和后、长和短、高和低、强和弱、新和旧、有为和无为、有"道"和无"道"等等。类似这样相互对立的概念，仅仅五千多字的《老子》中就出现了八十多对，这些概念包括从自然到经济、政治、战争、道德等各个方面。老子觉得一切事物都处在两两相反的关系之中，这是老子独特的思维方式。这种思维方式对中国人产生了极大的影响。

从表面看，对立的两方面完全相反、互相矛盾，丑的就不美，短的就不长，低的就不高。就像在孩子的心中，好人就是好人，坏人就是坏人，分得非常清楚。老子觉得事物对立双方的关系可没这么简单：对立双方看起来完全相反，其实却是你离不开我，我也离不开你，少了任何一方，另外一方也就不存在了。

比如美与丑，正是由于知道了什么是美，才知道什么是丑；也正是由于知道了什么是丑，才能知道什么是美。因此没有美就没有丑，没有丑也就没有美。我们都喜欢进步，不喜欢落后，可是如果没有人落后，又怎么会有人进步呢？比赛

中没有亚军就不会有冠军，当然没有冠军也就不会产生亚军。事物相反的两方面既互相对立又互相需要，我们不能因为肯定一方面就否定另一方面。

根据这样的认识，老子指出世界上的概念和价值都是在这种既互相对立又互相需要的关系中产生的：觉得人胖一点就是美，那么瘦的人就是丑的，觉得瘦一点才美，那么胖的人就是丑的；觉得生活越轻松越好，那么紧张的生活就不好，反过来觉得紧张的生活才有价值，那么轻松的生活就不好。

可见很多标准都不是绝对的，都是由人主观确定的。我们都习惯按自己的标准去看待对方，如果每个人都坚持自己的价值标准而不认可别人的价值标准，那么争论和矛盾就出现了，而且永远都没有停止的时候。研究所里的工作人员，如果都觉得只有自己的研究是最重要的，互相否定，那么就不会产生多样的研究成果。如果最后不管什么事情都只有一个标准，那么这个世界多么单调，多么灰色啊！

老子理想中的圣人不确定标准，也不做主观的判断，只是像天地平等地对待万物一样，平等地对待每一个老百姓。这样老百姓才能各自按照自己的标准自由生长，表现出自己最好的状态，一起组成一个丰富多样的世界。如果圣人确定了标准，那么老百姓都会努力按照标准去做，就无法表现出每个人的特别之处，世界也就不会那么丰富了。

古时候有一个王，喜欢细腰的人，他觉得细腰才是美的。许多国民为了拥有细腰，每天只吃一顿饭，饿得需要扶着墙才能站起来。到了第二年，街上到处都是饿得脸色又黄又黑的人。

本级词：

丑 chǒu | ugly

臭 chòu | smelly, stinking

思维 sīwéi | thought, way of thinking

亚军 yàjūn | second place

冠军 guànjūn | first place, champion

瘦 shòu | thin

主观 zhǔguān | subjective

研究所 yánjiūsuǒ | research institute

灰色 huīsè | gray

国民 guómín | the people of a nation

扶 fú | to place a hand on sb. or sth. for support

脸色 liǎnsè | complexion, look

超纲词：

共存 gòngcún | to coexist

练 习

1. 下面哪一组对立的概念，文中没有提到？ _____

   A. 难与易　　　　B. 美与丑　　　　C. 前与后　　　　D. 强与弱

2. 老子认为美与丑是什么关系？

3. 为什么文章最后讲了一个"爱细腰"的故事？

二　转化：好事会变成坏事，坏事也会变成好事

任何事物都有其对立面。一般人只看到对立面之间相反的关系，比如硬就是不软，软就是不硬，老子却发现事物都是因为对立面才存在的，虽然是相反的关系，却谁也离不开谁。没有软就没有硬的概念，没有硬也就没有软的概念。火腿跟吃饭的叉子相比，火腿是软的，叉子是硬的。可是，如果没有叉子的对比，我们就不能说火腿是软的；没有火腿的对比，我们同样不能说叉子是硬的。

老子还发现相反的双方不仅互相对立、互相需要，它们也是互相包含的。不仅是你离不开我，我离不开你，而且是你中有我，我中有你，甚至我会变成你，你会变成我。火腿是软的，叉子是硬的，可遇到蛋糕，火腿就变成硬的，遇到钻石，叉子就变成软的。十万元的存款和一万元的存款比起来，十万元多，一万元少，可是和一百万元的存款比起来，十万元又变成少，和一千元的存款比起来，一万元又变成多了。可见对立的关系也是互相包含、互相转化的，很难把它们绝对分开。

所以老子说：灾难啊，幸福就靠在它的旁边；幸福啊，灾难就躲在它的里面。

古时候，边境有一位老人。一天，他家的一匹马走丢了，邻居们都来老人

跟前安慰他。老人笑着说："丢了一匹马，损失不大，说不定还会带来好运气呢。"

邻居们听了老人的话，都觉得很奇怪，怎么这个时候还讲幽默的话？过了几天，那匹马竟然真的跑回家了，还带回来一匹更好的马。

邻居们都赶来祝贺他："不但马没有丢，还带回来一匹这么好的马，果然是好运气啊。"

没想到老人看上去一点都不开心，还说："什么都没付出，就得到一匹好马，也不一定是件好事，说不定会带来麻烦呢。"邻居们听了，又觉得老人很奇怪。

老人的儿子特别喜欢那匹带回来的好马，经常骑着出去玩。有一天，不小心摔下马来，把腿都摔断了。

邻居们又跑过来安慰可怜的老人。老人却说："虽然腿摔断了，但生命保住了，运气还不错啊。"邻居们都不理解老人的话。

不久，发生了战争，年轻人都去当了军人，老人的儿子因为摔断了腿，不能去。结果年轻人在战争中都失去了生命，只有老人的儿子还活着。

这是一个充满了戏剧性的故事，从汉代开始在中国流传了很多年。这个故事告诉人们好事和坏事会互相转化，顺利时不可以太得意，不顺利时也不要对未来失去信心。这个故事显然受到了老子思想的影响，事物在变化中会慢慢发展为自己的反面。

这个故事告诉我们，观察事物时要有更宽广的眼光、更好的心态，不要被眼前的情况困扰。同时，老子也提醒我们不仅要看到事物的正面，还应该关注事物的反面，这样才能得到更全面、更完整的认识，有时候反面的作用甚至更大。

有的人只想着越高越好，可是一座高楼，低的地方如果不结实，高的地方就不稳定，很容易倒掉。一般人都只注意"有"的作用，却忘记了"无"的作用。一个杯子，有了中间空的地方，才能用来装水或者饮料；一个房屋，有了门窗墙壁内空的地方，才可以用来居住。制作杯子、房屋的材料都是看得见摸得着的"有"，它们当然有用，可是如果没有中间看不见摸不着的"无"，"有"的作用就发挥不出来。

本级词：

硬 yìng | hard

软 ruǎn | soft

火腿 huǒtuǐ | ham

叉子 chāzi | fork

蛋糕 dàngāo | cake

存款 cúnkuǎn | deposit

灾难 zāinàn | disaster

匹 pǐ | (a measure word for horses, mules, etc.)

丢 diū | to lose, to go missing

跟前 gēnqián | front

损失 sǔnshī | loss

好运 hǎoyùn | good luck

幽默 yōumò | humour

祝贺 zhùhè | to congratulate

摔 shuāi | to fall (and break)

可怜 kělián | pitiful, poor

军人 jūnrén | soldier

戏剧 xìjù | drama

眼光 yǎnguāng | sight, vision

心态 xīntài | mentality

困扰 kùnrǎo | to perplex

饮料 yǐnliào | beverage

墙壁 qiángbì | wall

超纲词：

钻石 zuànshí | diamond

反面 fǎnmiàn | the reverse side

正面 zhèngmiàn | the obverse side

练 习

1. 文中举了存款的例子，是为了说明_____。

   A. 一百万元很多   B. 十万元很多   C. 一万元很少   D. 多和少会互相转化

2. 你欣赏故事中的老人对待好事与坏事的态度吗？

3. 生活中还有什么现象，能让我们感受到"无"的重要作用呢？

三 转化的条件：千里的路是一步一步走出来的

老子提出我们要重视事物的反面，事物会向相反的方面转化。有人觉得老子说的转化是没有条件的、自动的，比如幸运会随时转化为不幸，不幸也会随时转化为幸运。那我们是不是什么都不用做，只要等待命运的安排就可以了？

这是对老子思想的一个误会。道家的另外一位代表人物庄子倒是认为对立面的相互转化是没有条件的，他觉得大小、生死、美丑等可以随意转化，所以没有差别。老子不一样，老子既承认对立面之间的差别，又认为对立面之间在一定条件下会互相转化。那我们就要问，这个转化的条件究竟是什么呢？

遇到不幸的时候，我们怎么知道什么时候好运才会来到？幸运的时候，我们又怎么知道什么时候好运会悄悄地离开？我们可以帮助好运更快地来到吗？我们可以让好运待的时间更长一些吗？

老子说，事物达到最强的时候，就会开始向弱的方向转化了。天空中的月亮一天比一天变得更圆，可就在最圆的那一刻，开始慢慢变小，直到完全消失；各种颜色的花儿慢慢开放，却都在开得最完美的那一刻开始慢慢地枯萎，直到完全死去。自然之外，人间的其他事物也是如此。"人无千日好，花无百日红"就表达了这样的意思。花儿不会一直开放，总是在开得最美的时候开始枯萎，人也不会一直顺利下去，总是会在最得意的时候遇到麻烦。一个公司、一个组织也是如此，这是事物发展的必然规律。翻开人类的历史，这样的例子到处都是。

不难看出，老子说的转化确实是有条件的，这个条件就是发展到极点，一旦突破了一定的范围，事物就会向相反的方面转化。月亮最圆、花儿最完美的时候就是极点，到了这个极点，转化就开始了。

事物的转化有两种：一种是有利的，也就是好运出现；一种是不利的，也就是好运离开。人们自然希望有利的转化快一点，不利的转化慢一点，最好不要发生。

事物的转化不是一下子就能实现的，要达到开始转化的极点，需要在数量上一点一点地积累，毕竟高楼是一层一层建起来的，脚下的路也是一步一步走出来的。老子提醒人们在生活中处理困难的事情要从容易处开始，处理大的事情要从小事开始，这样有利的转化就会出现；细小的问题，在它还没有显示出不好的影响时就要认真解决，这样就可以让不利的转化晚一点发生，甚至不发生。

老子觉得弱比强更好，为什么呢？老子发现事物刚产生时都比较柔弱，比如刚长出的小草、刚出生的小动物。在成长的过程中事物都由弱变强，在最强的时候又慢慢变弱直到死去。所以老子觉得弱比强更好，总是保持柔弱的状态，生命结束的那一天才会晚一点到来啊。

老子不赞成人们什么都不做，只是静静地等着发生转化。他鼓励人们主动采取措施，这样好运就会早一点来到，也会晚一点离开，甚至不离开。可见老子的"无为"不是什么都不做，而是在遵守自然规律的前提下，尽力发挥自己的力量。

本级词：

不幸 búxìng | misfortune

随意 suíyì | at will

悄悄 qiāoqiāo | quietly

待 dāi | to stay

组织 zǔzhī | organization

不利 búlì | disadvantageous, harmful

毕竟 bìjìng | after all

到来 dàolái | to arrive

前提 qiántí | premise

超纲词：

枯萎 kūwěi | to wither

极点 jídiǎn | limit, extreme

练 习

1. 下列说法符合老子思想的是_____。

   A. 事物的转化是没有条件的

   B. 事物的转化一下子就能实现

   C. 事物转化的条件是发展到极点

   D. 人们只需要静静地等待事物发生转化

2. 文中举了月亮和花儿的例子，想说明什么呢？

3. 老子认为事物向相反方向转化的条件是什么？你同意吗？请找一个生活中的例
   子来说明你的观点。

四　回到最初：循环运动，永远不停止

任何事物都有对立面，事物发展到极点就会向相反的方向转化。然后呢？一直向相反的方向走多远呢？

天空中的月亮一天天变圆，可就在最圆的那一刻，开始慢慢变小，直到完全消失；各种颜色的花儿陆续开放，却都在开得最完美的那一刻开始慢慢地枯萎，直到完全死去。然后呢？然后月亮又开始出现啊，慢慢变圆，变小，消失，又出现，又变圆……花儿也一样，死去以后又再次生长，慢慢开放到最完美的状态，枯萎，死去，又生长，又开放到最完美的状态……如此一直循环下去，永远不停止。

同样的道理，分开之后，只要时间长到一定的程度，就会合在一起；合在一起之后，只要时间长到一定的程度，又会重新分开。快乐到极点就会转化为悲伤，悲伤到极点又会转化为快乐。

事物都有对立面，发展到极点就会向相反方向转化，转化到极点时又向相反的对立面转化，那就是返回到了事物的最初状态，一个循环就形成了，所以老子说的"反"既是"相反"的"反"，也是"返回"的"返"。

太阳清晨从东边升起，傍晚在西边落下，第二天又会从东边升起，到西边落下，一天又一天；四季也总是按照春、夏、秋、冬的顺序出现，一年又一年。老子从万物的生长变化中，看出了循环的道理，他认为世界上的万物最后都要回到各自的最初状态，然后再出发，再回到最初状态。成语"叶落归根"讲的就是这个道理：树叶生长出来，慢慢地离树根越

来越远，最后又落下回到树根的位置；也指人长大后离开家乡，年老后又返回自己的家乡。

问题又来了：事物循环运动的动力来自哪里？是什么力量让太阳升了又落，落了又升，让月亮圆了又缺，缺了又圆？是有事物之外的力量在推动，还是天的安排？

老子早就否认了"天命"，也否认了有其他推动的力量，他认为事物运动变化的原因和动力都在事物的内部而不是外部，是事物自己在运动变化。

老子认为"道"是万物的根源，"道"创造了万物。"道"广大看不到边，可以伸展到很远的地方，但无论走多远，最后都要返回最初的地方。"道"的特性就是循环运动，永远不停止。"道"虽然是一个无法分开的整体，但内部包含着两种对立相反的力量，这就是"道"循环运动的内部原因。万物循环运动的特性正是来自"道"，万物内部也包含着两种对立相反的力量。

为什么"道"要返回最初的地方？为什么事物都要回到最初的地方？最初的地方究竟是一个什么样的状态呢？

老子认为最初的地方是一种"静"的状态，"道"创造万物以后，万物的发展就离最初状态的"道"越来越远，越来越不符合自然的状态。事物变得越来越多，越来越乱，装饰得看不出原来的样子；人也是如此，小聪明多了，欲望多了，很难再拥有简单平静的内心；社会也多了很多的矛盾，不时有战争发生：这就是老子生活的时代真实的情况。

老子特别重视"事物返回最初状态"这一思想。他认为万物回到最初状态，也就是回到了"静"的状态、自然的状态，可以获得新的生命力，再次投入新的循环之中。树叶落回地面，树根获得新的营养，树上又长出了一片片的新叶；人心和社会恢复平静，为的是回到当初最自然美好的状态。

老子将对立与循环的思想运用到了社会生活的各个方面，对中国人的思维方式和生活态度产生了很大的影响，成为中国传统文化的重要组成部分。

本级词：

清晨 qīngchén | early morning

成语 chéngyǔ | set phrase, idiom

特性 tèxìng | distinguishing quality

装饰 zhuāngshì | to decorate

超纲词：

傍晚 bàngwǎn | dusk

外部 wàibù | external

伸展 shēnzhǎn | to extend

练 习

1. 哪种自然现象中，不能看出事物的循环运动？ _____

    A. 太阳东升西落

    C. 叶落归根

    B. 春夏秋冬的变化

    D. 雨水无区别地落在每个地方

2. <u>老子</u>认为事物循环运动的原因是什么？

3. 为什么<u>老子</u>特别重视"事物返回最初状态"这一思想？

第六章 社会与政治

一 走上大道：大道很平坦，人们却喜欢走小路

"道"与"德"、"自然"与"无为"、"对立"与"循环"都是老子对宇宙和自然的一般看法，属于"天之道"。老子用"天之道"来确定社会和人生的法则，就形成了"人之道"。"天之道"是"人之道"的依据，"人之道"是"天之道"的目的。

在"天之道"的基础上建立"人之道"，实际上就是把自然和人类社会视为一个整体，老子认为自然万物和人类社会遵守的规则是一致的，都要符合"道"。这种思维方式在《老子》中到处可见，而且影响很大，成为中国传统学术思想的基本特点。

将"天之道"运用到社会政治方面，就是老子的社会、政治思想。

老子说，大路非常平坦好走，可是人们却喜欢走又弯又难走的小路。老子真正想说的是人们都违反了"道"的规则，没有走在正确的道路上。如果人们都遵守"道"的规则，做到"自然"和"无为"，那么一切都会达到最好的状态，社会不会不易管理，变得如此糟糕。

为什么人们都无法遵守"道"的规则了呢？拉开弓对准目标射击时，如果对

准得太高，就放低一点；如果对准得太低，就抬高一点。这就是自然的规则，多的加以减少，不足的加以补充，这符合"道"的规则。自然规则是减少多的，用来资助不足的，有利于穷人；人类社会的规则却是减少不足的，用来补充多的，有利于有钱人。人类社会变得越来越不公平，穷人和有钱人的差距也越来越大。

人们为了得到更多的利益，都走在了错误的道路上，社会也因此越来越不合理，不断向坏的方向发展。为了改变人们的错误行为，使社会回到正常的道路上，就出现了道德观念、道德行为和道德规范。对此，儒家特别重视，那么老子是什么态度呢？

前面我们介绍过，老子认为，真正有道德的人从来不想着要做一个有道德的人，倒是那些道德水平一般的人整天喊着要做一个有道德的人。老子说，人类社会失去"道"这个自然规则后，才有了提倡道德的必要，这个道德已经不是真正的道德，真正的道德是符合"道"的自然表现，根本不需要人用心想着去做。自然存在的道德失去后才有了道德观念，道德观念失去后才有了道德行为，道德行为失去后才有了道德规范。礼就是已经形成了制度的道德行为规范，是一切麻烦的开始。

很多人因此认为老子反对道德，尤其反对礼，真的是这样吗？

事实是老子不仅肯定道德观念、道德行为，也不完全反对礼。他觉得，人类

社会遵守"道"的自然规则时，就处在最完美的道德状态中；道德是人们内心的自然表现，哪里还有提倡的必要？一定是人们的行为出现了问题，社会失去了秩序，才有了提倡道德的必要，才有了制定礼的必要。想想确实是这样啊：如果人人都尊敬老人、爱护孩子，就没有必要再去提倡了；如果人人都把帮助别人看成一件正常的事情，也就没有必要再去特别表扬了。

老子的时代，道德已经不再是人们内心的自然表现，而是一种有意的行为，"礼"也不再是人们内心的自然表现，而是变成了强迫人们遵守的一种规范。老子反对的正是逐渐只剩下了表面形式的这部分"礼"。

本级词：

平坦 píngtǎn | flat, smooth

糟糕 zāogāo | bad

射击 shèjī | to shoot

抬 tái | to lift, to raise

资助 zīzhù | to aid financially

有利于 yǒulìyú | in favour of

差距 chājù | gap

超纲词：

法则 fǎzé | rule, law

有意 yǒuyì | on purpose

练 习

1. 老子用"拉开弓射击"的例子来说明_____。

   A. 自然的规则   B. 社会的规则

   C. 战争的规则   D. 制作弓箭的规则

2. 在老子看来，什么时候人们才会提倡道德？

3. 老子反对的是什么"礼"？他为什么反对？

二 无为而治：治理国家要像烹制小鱼

"无为"是老子的基本主张，"无为而治"是这一主张在治理国家方面的实际应用。

如果你有烹制小鱼的经验，就会知道，在烹制的过程中不能经常翻动小鱼，否则一锅小鱼都会变碎。耐心等待，偶尔轻轻翻动，这就是"无为"，结果是烹制出一锅又好吃又好看的小鱼，这就是"无不为"，没有什么做不好。治理国家也是如此啊，按照"无为"的原则去做，不过多地干扰老百姓，只需默默地引导和辅助，国家就可以治理得很好。

老子说，最好的时代，人民大概能感觉到统治者的存在，有时甚至会忘记统治者的存在；比较好的时代，人民喜欢统治者；再差一点的时代，人民害怕统治者；更差的时代，人民不信任统治者。最好的统治者不轻易发布命令，事情办好之后，人民都觉得他们本来就是这样的，和统治者没有关系。

大自然从来不说话，冬去春来，万物生长，一切都那么自然地进行着，大自然的风光总是那么多样，那么迷人。因此，统治者不轻易下命令，不干扰老百姓的生活才是完全符合自然的做法。统治者像树林、草原上空飘着的白云，老百姓就像树林中、草原上自由生活的大象，完全感觉不到统治者的压力，也完全感觉不到统治者的引导和辅助。统治者和老百姓都过着自然、幸福的生活，呼吸着自由的空气，从来不考虑是否符合道德的原则，是否遵守了礼的规范，就自然地走在正确的道路上。统治者用自然的态度和方式去治理国家，就没有治理不好的国家，没有做不好的事情，这就是"无为而无不为"。

统治者努力为人民做事，经常关爱、慰问人民，自然可以得到人民的感谢和赞美，不过这也说明人民的生活已经没有那么完美，完美的生活哪里还需要别人的关爱和慰问呢？这已经是"有为"的开始，这里的"有为"指做不合适的事情。

统治者为了自己的利益变得更加"有为"，他们增加老百姓的负担，发动战争，用严厉的法律对付老百姓，这样老百姓当然害怕甚至讨厌统治者，统治者也失去了老百姓的信任。老子说，人民不好治理，正是因为统治者推行了"有为"的政策。

老子生活的时代，人们已经开始提倡用法律来治理国家，可老子觉得用严厉的法律来治理国家，不仅不能解决社会问题，反而会让社会越来越混乱。为什么呢？

一般情况下，严厉的处罚当然会让人害怕，因此人们轻易不敢去做坏事。可是如果统治者为了自己的利益，让老百姓常常吃不饱，还总是被处罚，老百姓就会觉得活着还不如死了，不觉得失去生命是一件多么可怕的事情。老百姓连死都不怕了，还如何用死来让他们害怕呢？这时老百姓就会起来反对统治者，更大的灾难就要发生了。人的生和死应该是自然的，统治者代替自然控制人的生和死，就如同代替木匠去砍木头，很少有不砍伤自己手的。显然，这是老子对当时统治者提出的严重警告。

统治者太"有为"是社会混乱的重要原因，那么为什么统治者会有这么多不合适的行为呢？老子认为是因为统治者个人的欲望太多，从来不知道满足，他们让老百姓的负担太重，完全不顾老百姓的死活。

老百姓虽然地位低，却是地位高的统治者们存在的基础，也是国家存在的基础。如果明白这个道理，统治者治理天下时就不应该有自己的意志，而是应该将老百姓的意志看成自己的意志，一切根据老百姓的需要来辅助，而不是干扰他们的生活。统治者如果将自己的利益放在老百姓的利益之后，老百姓就不会感到有压力，也不用担心受到伤害，这样老百姓就不会讨厌统治者，并且很愿意接受他们的领导。

统治者减少个人的欲望，重视老百姓，老百姓就会过上平静幸福的生活，社会也会恢复平静，不再混乱。

本级词：

锅 guō | pan, pot

碎 suì | broken

发布 fābù | to issue, to promulgate

风光 fēngguāng | scenery

草原 cǎoyuán | grassland

大象 dàxiàng | elephant

慰问 wèiwèn | to extend one's regards to

严厉 yánlì | strict

推行 tuīxíng | to carry out, to pursue

处罚 chǔfá | to punish

如同 rútóng | like

警告 jǐnggào | warning

超纲词：

烹制 pēngzhì | to cook

赞美 zànměi | praise

政策 zhèngcè | policy

木匠 mùjiàng | carpenter

砍 kǎn | to chop

练 习

1. 从文中可以看出，治理国家和烹制小鱼有什么关系？ _____

    A. 没有关系

    B. 都要遵守"无为"的原则

    C. 都和人的生活有关系

    D. 都需要花大量时间去做

2. 为什么老子认为努力为人民做事的统治者也不是最好的？

3. 老子对统治者"有为""无为"的看法是什么？你同意吗？请找一个生活中的例子来说明你的观点。

三　无知无欲：是做头脑简单没有欲望的人吗？

老子说，古代善于治理国家的人，不是要教人民有"智"，而是要使人民"愚"，人民难以治理，就是因为他们的"智"太多了。这是老子非常有名的思想：反对"智"，提倡"愚"。

"智"和"愚"最常见的意思分别是"聪明"和"不聪明"，是一对意思相反的词。于是，很多人觉得老子要人们成为头脑简单、没有知识、没有文化的人，这样便于统治。被这样理解的思想自然受到了很多指责，但这是老子真实的意思吗？

"智"在《老子》中多次出现，比如老子还说，有了"智"，人就不真诚了，放弃"智"，人民可以得到一百倍的好处。不难看出，老子对"智"是否定的态度。值得注意的是，这里的"智"并不是聪明、智力，而是计谋，是为了获得名利而想出来的一些自以为聪明的做法。

有人也许会觉得这样的"智"没什么不好，可以帮助人们获得利益，达到目的，并且在竞争中取得胜利。老子却觉得这样的"智"不符合自然的原则：人们都

使用计谋，用各种手段追求名利，这不仅让人们的内心变得不真诚、不纯朴，而且会造成越来越多的社会问题。一个社会中的人来来往往，都是为了自己的利益，为了打败别人，有时甚至为了达到目而伤害别人，这样的社会怎么会没有问题？

老子认为人类原来拥有真诚、纯朴的内心，像婴儿那样自然，没有计谋，那是人类最美好的状态，这个状态才是老子提倡的"愚"。人有了计谋以后，就违反了"自然无为"的原则，人心越来越复杂，社会越来越混乱，人民生活越来越辛苦。在老子看来，让人心回到纯朴的自然状态才是解决社会问题的关键。

人们为什么使用计谋，为什么都想获得名利，占有不容易得到的宝贝呢？老子觉得这是由统治者的做法造成的。统治者把人分为有才能的和没有才能的，并且奖励有才能的人；把东西分为不容易得到的和容易得到的，并且把不容易得到的东西看成宝贝。那么人们自然也要努力成为光荣的、有才能的人，也想拥有那些不容易得到的宝贝，于是欲望就产生了。怎么才能打败别人得到这些呢？于是计谋和各种手段就产生了，人们都疯狂地行动起来，努力满足自己的欲望，失去了自然纯朴的内心。

老子说，统治者不把有才能的人作为模范，不把不容易得到的东西看成宝贝，消除自己占有的欲望，人们就不会有这么多欲望，更不会不顾一切地去追求。从古到今，世界上有多少人为了得到名利付出了巨大的代价，实在可惜啊。

每个人都有自己的技能，每样东西都有自己的作用。真正聪明的统治者善于让每个人都发挥其才能，没有没用的人；让每样东西都找到其用途，没有没用的东西。每个人、每个东西都是平等的，只有差别，没有好坏，都找到了自己最合适、最舒服的位置，那么就没有那么多无法满足的欲望了，也就没有必要用计谋去改变什么，争取什么了。这样的社会怎么会不美好呢？看来最重要的还是统治者的想法和做法啊。

老子说，要让人们"无知无欲"，这样，一些自己以为聪明的人也不敢做不合适的事情了。这里的"知"就是"智"，老子反对"智"，反对的是用来做不合适事情的计谋，而不是一切聪明智慧；反对欲望，反对的是占有的欲望，而不是要消除人们的一切欲望。他提倡"愚"，也不是要人们做一个头脑简单、没有文化的人，而是让人们保持真诚纯朴。

统治者用"愚"来治理国家，自己首先不用计谋，没有占有的欲望，人民自然也就不会使用计谋，也没有占有的欲望，社会就会恢复到简单、美好的状态。

本级词：

便于 biànyú | easy to

指责 zhǐzé | to censure

手段 shǒuduàn | means

光荣 guāngróng | honorable

疯狂 fēngkuáng | frenzied, unbridled

模范 mófàn | fine example

消除 xiāochú | to eliminate

技能 jìnéng | skill

超纲词：

智 zhì | intelligent, wise

愚 yú | foolish, silly

名利 mínglì | fame and gain

纯朴 chúnpǔ | simple, unsophisticated

练 习

1. 老子反对的"智"是_____。

　　A. 聪明　　　　B. 为了获得名利的计谋　　　C. 智慧　　　　D. 智力

2. 老子认为人们使用计谋去追求个人利益的根本原因是什么？

3. 请你查一查成语"大智若愚"，并结合老子的思想解释成语的意思。

四 理想国：国家很小，人民很少

老子生活的时代，战争很多，结果就是国家越打越少，越变越大。而老子心中最理想的社会却是国家很小，人民很少。

在老子看来，随着国家的扩大、人民的增多，社会出现了更多的矛盾，人民的生活越来越辛苦。统治者们为了让私人的欲望得以满足，占有越来越多的土地和财富，人民的负担越来越重。

当时的社会现实与老子的理想社会有着巨大的差距。老子描述了一个理想国，表达他对现实的不满以及试图改变的想法。

国家很小，人民很少，人们的生活朴素自然，简单的工具就可以满足一切需要，即使有先进的工具，人们也不使用。这些工具能够十倍甚至一百倍地提高劳动效率，可以节约人力，增加财富，但同时也让人们有了计谋，失去了内心的自然纯朴，因而人们都不好意思使用这些自以为聪明的人造出来的工具。

人们都珍惜自己的生命，不轻易离开家乡。人们既不想离开家乡追求财富，也没有人、没有事情强迫他们离开。尽管岸边停着不少船，路旁放着不少车，人们不去远处，也不需要乘坐这些便利的交通工具。

人与人之间没有矛盾，国家与国家之间没有战争，因而武器都被收集起来，

根本没有拿出来的机会。人们的生活简单朴素，不需要很多的文化知识，原始的记录事情的方法就足够使用了。

人们很容易满足：饮食很普通，却感觉非常好吃；穿着随意的服装，却觉得十分美丽；住着旧房子，也觉得很舒适；有着简单朴素的风俗，却感觉十分快乐。

附近的国家看得很清楚，清晨连鸡、狗的叫声都能听到，人们却几乎从来不接触，从出生到死去一辈子都不走过边境，互相拜访。为什么呢？因为人们都很容易满足，没有困扰，没有悲伤，没什么可抱怨的，也没有更多的需求，人们不需要互相帮助就可以过得很好。这种简单自然的生活方式，正如鱼儿在水中快乐地游来游去，根本不需要互相照顾。如果水消失了，鱼儿就会紧紧靠在一起用口水互相滋润，这样虽然拥有亲密的关系，但哪里比得上在水中自由地生活呢？互相忘记也没关系啊！

在这个理想国里，统治者不干扰老百姓，让人们享受着自然平静的生活，老百姓也似乎感觉不到有人在治理国家，人们遵守自然形成的古老风俗就可以相处得很好。这无疑完美地体现了老子"无为"的政治主张。

这是一幅多么美好的生活画面啊，充满了平静与欢乐！

虽然这只是一个想象中的理想国，却受到了很多人的喜爱。不少人受到老子的启发，描述了自己心中的理想国，其中尤其受人关注的是晋代诗人陶渊明描写的理想国：

有一个人偶然遇见一片桃花林，走出桃花林后，看到面前立着一座山，还发现一个洞。走进去之后，居然出现了一个美丽的乡村。这里没有战争，没有痛苦，男女老少都过着轻松快乐的生活。他们不与外面的人交往，也不知道到了什么时代……

陶渊明经历了混乱的社会，心中设想的却是小而美的理想社会，这不就是老子笔下理想国的延伸吗？只不过晚了近千年。

本级词：

私人 sīrén | private

得以 déyǐ | to be able to

人力 rénlì | manpower

珍惜 zhēnxī | to cherish

尽管 jǐnguǎn | though

岸 àn | bank

便利 biànlì | convenient

饮食 yǐnshí | food and drink

接触 jiēchù | to contact

一辈子 yíbèizi | all one's life

抱怨 bàoyuàn | to complain

古老 gǔlǎo | ancient

幅 fú | (a measure word for cloth, pictures, etc.)

画面 huàmiàn | picture

偶然 ǒurán | accidentally

桃花 táohuā | peach blossom

立 lì | to stand

洞 dòng | cave

乡村 xiāngcūn | village

设想 shèxiǎng | to imagine

只不过 zhǐbuguò | only, just

超纲词：

理想国 lǐxiǎngguó | Utopia

朴素 pǔsù | plain, frugal

口水 kǒushuǐ | saliva

滋润 zīrùn | to moisten

练 习

1. 老子对待先进工具的态度是_____。

   A. 主张使用，因为可以提高效率

   B. 主张使用，因为可以节约人力

   C. 不主张使用，因为容易让人们产生计谋

   D. 主张使用，因为可以增加财富

2. 鱼儿在水中和不在水中有什么不同的表现？文章想用这个例子说明什么呢？

3. 查找资料，描述你最欣赏的理想国，并比较与老子理想国的异同。

第七章 战争与和平

 一 反对战争：武器是不好的东西

老子生活的时代，大大小小的战争非常多，给人民带来了巨大的灾难。

有过战争的地方，都长满了草，人民无法继续农业生产，更不可能获得丰收，农产品缺乏，人民无法过正常的生活。没有战争的时候，马都用于农业生产，帮助农民在田里劳动；战争发动之后，就连快要生小马的母马都得上战场，小马只能在战场上出生。

在战争中，有的人失去了生命，有的人失去了自己的家人和房子；战争过后，不管经济文化曾经多么繁荣发达的地方都失去了活力。人民面临的是更加艰难的生活，吃不饱，穿不暖，没有健康的身体，没有居住的地方。不仅战败者损失严重，战胜者也要付出巨大的代价，不管对谁来说，战争都是一场悲剧。

老子的内心是否定战争，讨厌战争的。他直接说，武器是不好的东西，只会给人们带来灾难，大家都很讨厌它，所以有"道"的人是不会使用武器的。自然的规律是有利于万物的生长，不干预更不会去伤害万物，那么人类也应该学习这样的做法，应该帮助他人，不争也不抢。为什么要发动战争去抢别人的土地、财富，甚至生命呢？

老子主张不要主动发动战争，不要希望通过战争让别人都服从你，从而成为世界上最厉害的人。即使依靠战争取得了胜利，那也是暂时的。你可能取得胜利，也同样可能失败，并承担战争可怕的后果。中午的太阳，光线再强烈也不能摆脱逐渐变弱，直到完全消失的命运；通过武力变得强大的人，也都逃不过灭亡的命运，最强大的那一刻正是走向灭亡的开始。老子的这一判断在无数的历史事件中都得到了证明，可惜直到现在，还是有人在战争的问题上无法保持如此清醒的头脑。

没有战争当然最美好，可有时候战争难以避免，比如解放被武力统治的人民，或者保卫自己的国家不被占领。老子基本上是反对战争的，如果因为这些特殊的原因不得不加入战争，老子仍然主张：不要主动进攻，只应被动保卫，不要向前进一寸，而应向后退一尺；虽然有打败敌人的力量，却不轻易使用，在战场上也要谦虚，不要看不起敌人；看不起敌人就会随意杀死敌人，这是喜欢战争的表现，是最可怕的灾难。

善于使用武力的人，只求达到保卫人民、保卫国家的目的，不会利用武力来显示自己的强大。战胜对方以后，也不应该高兴，更不应该去庆祝胜利，因为不管什么性质的战争，都有人会死去，都会造成巨大的损失。庆祝战争的胜利，那不是说明你喜欢杀人吗？喜欢杀人的人又怎么会取得真正的成功呢？在战争中不管胜利了还是失败了，都应该用悲伤的心情去对待。如果能避免战争，不通过战争就取得胜利，那才是真正的胜利啊。

老子深刻感受到战争对社会的破坏、对人民的伤害，他分析战争，目的是消灭战争。老子追求的理想状态是：即使有武器，也没有机会使用。

本级词：

丰收 fēngshōu | bumper harvest

农产品 nóngchǎnpǐn | agricultural products

缺乏 quēfá | to lack

用于 yòngyú | to be used for

繁荣 fánróng | prosperous

暖 nuǎn | warm

悲剧 bēijù | tragedy

服从 fúcóng | to obey

从而 cóng'ér | thus, consequently

光线 guāngxiàn | light

解放 jiěfàng | to liberate

保卫 bǎowèi | to defend

占领 zhànlǐng | to occupy

被动 bèidòng | passive

分析 fēnxī | to analyze

超纲词：

战场 zhànchǎng | battlefield

武力 wǔlì | (military) force

统治 tǒngzhì | to rule, to govern

进攻 jìngōng | to attack, to assault

练 习

1. 从文中可以看出，下列哪项不是战争的影响？ _____

    A. 破坏了农业生产   B. 有的人失去了生命

    C. 有的人失去了家人   D. 马都用于农业生产

2. 战争难以避免时，老子认为应该怎么做？

3. 为什么老子认为战争取得胜利后不应该庆祝？

二　想得到先付出：老子是个有计谋的人吗？

老子说：要合起来，一定要先张开；要使别人变得弱小，一定要先让他强大起来；要打败别人，一定要先让他发展起来；想得到，一定要先付出。这种说法听起来有点奇怪，却常常被运用到战争中，而且事实证明是战胜敌人的有效手段。

春秋末年，越国被吴国打败后，越王勾践为了保护自己，主动请求为吴王夫差服务，做一些非常辛苦的事情。回到越国后，越王依旧小心地服从着吴王的命令。听说吴王准备攻打别的国家，让吴国变得更加强大，越王赶紧去吴国给吴王送了很多礼物，表示支持。吴国取得了很多胜利，势力范围不断扩大，变得越来越强大，当然也越来越得意。这时，越王在国内积极治理国家，不久之后率领士兵打到了吴国，竟然很快就消灭了吴国。

为什么越国能消灭强大的吴国呢？原因很简单，越国支持吴国攻打别的国家，战争的时间越长，占有的土地越多，吴国的负担也越来越重，人民和士兵也越来越累。吴国的强大只是表面上的强大，所以一下子就被越国打败了。这就是要使别人变得弱小，一定要先让他强大起来，越国想消灭吴国，所以选择先让吴国变得强大起来。

战国时郑武公夫人先后生了两个儿子，这位夫人喜欢小儿子，不喜欢大儿子。母亲想让小儿子继承父亲的位置，郑武公当然没有同意。大儿子继承父亲的位置后，小儿子在母亲的支持和帮助下，做了很多不合适的事情，拥有的土地和百姓越来越多。大儿子不仅没有阻止，还尽量满足弟弟的各种要求。最后，大儿子终于派人去攻打弟弟，弟弟一下子就被打败逃走了。

为什么呢？因为小儿子在发展自己势力的过程中，做了那么多不合适的事，所以连他自己的百姓都不支持他。这就是要打败别人，一定要先让他发展起来，大儿子采取的办法就是先让弟弟发展起来。

春秋时，晋国的国王想偷偷攻打虞国，他先给虞国国王送去了珍贵的礼物，向虞国借路去攻打旁边的虢国。人们都劝虞国国王不要把道路借给晋国，否则晋

国消灭了虢国以后，一定也会消灭虞国。虞国国王舍不得失去刚得到的礼物，就把道路借给了晋国，果然，晋国消灭了虢国以后，又回头消灭了虞国。晋国想得到虞国，就先给虞国赠送礼物，这就是想得到，一定要先付出啊。

历史上这样的例子非常多。帮助人在战争中取得胜利的是计谋——也就是老子反对的"智"。很多人因此觉得老子自己就是一个有计谋的人。老子明明反对"智"，反对计谋，为什么要教人们使用计谋取得胜利呢？

不少专门研究老子的学者也被这个问题困扰。其实，这又是对老子的一个误解。老子的这些说法，不是教人们如何用计谋去战胜别人，这只是老子的一种思维方式，是他对世界的一般认识。前面我们介绍过，老子认为任何事物都有其对立面，事物发展到极点就会向相反的方向转化。花儿张开到最大时，就开始慢慢合起来；事物发展到最强的时候，就会慢慢地变弱；东西举到最高的位置，就会慢慢地降下来；得到的足够多，就会开始慢慢失去。

人们把老子的智慧运用到战争中，确实产生了不少可以帮助人们取得胜利的计谋，但因此说老子是一个有计谋的人，说《老子》是一本讲战争的书，就完全没有道理了。老子的智慧可以运用到社会生活的各个方面，同样可以帮助人们取得成功。

本级词:

依旧 yījiù | as before

势力 shìlì | force, influence

率领 shuàilǐng | to lead

先后 xiānhòu | successively

逃走 táozǒu | to run away

舍不得 shěbudé | reluctant to part with

回头 huítóu | to return

赠送 zèngsòng | to give as a present

超纲词:

攻打 gōngdǎ | to attack

练 习

1. <u>郑武公</u>的大儿子为什么要尽量满足弟弟的各种要求？ _____ 。

   A. 爱护弟弟

   B. 完全是母亲的要求

   C. 为了能打败弟弟

   D. 完全是父亲的要求

2. <u>越王</u>为什么支持<u>吴王</u>攻打别的国家？

3. 有人觉得<u>老子</u>有很多关于战争的计谋，你同意这样的说法吗？

三　战火不断：还是欲望太多啊

战争给社会带来的破坏那么大，给人民带来的痛苦那么多，为什么还是战火不断呢？

老子认为当时统治者发动战争都是为了满足自己的欲望。如果一个国家的统治者总想着得到更多的土地、更多的财富、更大的权利，那么战争怎么能停下来呢？依靠别人的劳动生活，让别人全都服从他们的命令，这就是他们的追求所在。过多的欲望是战争的根源。老子说，不知满足是最大的灾难，在合适的时刻停止对欲望的追求，才能得到永远的满足。

老子研究战争，主要目的是消灭战争，他建议统治者要为自己考虑得少一点，降低自己的欲望。怎么才能降低欲望呢？只要按照"道"的规则就可以了。"道"创造了万物，没有一件事不是"道"完成的，但是"道"却不干扰万物，没有占有万物的欲望，让万物自由生长，万物因此都能发展到最好的状态，一切都在自然而完美的状态中运行着。统治者管理国家时也应该遵守"道"的规则，不干扰老百姓的生活，只是辅助他们，让他们自由发展，这样国家和人民都会发展到最好的状态。国家治理得好，统治者也不觉得靠的是自己的能力，更不会到处展示自己的成果，觉得自己非常了不起。用这样自然的方法和态度治理国家，不仅统治者没有过多的欲望，人民也没有过多的欲望，大家都很满足，不觉得还需要去占有什么，那谁还会去频繁地发动战争呢？

前面我们介绍过，"道"创造万物以后，万物的发展就离最初状态的"道"越来越远，越来越不符合自然的原则；社会中的人也是如此，欲望会逐渐增多，变得越来越不容易满足。"道"的发展规律是会循环到最初的状态，也就是自然的状态，那么社会中的人，尤其是统治者，也应该在欲望增长的时候，提醒自己消除过多的欲望，约束自己的行为，回到最初自然的状态。统治者没有过多的欲望，不干扰老百姓的生活，老百姓也会回到真诚纯朴的自然状态，社会就能从战争走向和平。

大自然中，大风不会刮一个早晨，越大的风持续的时间越短；大雨也很少会下一整天，越大的雨持续的时间越短。统治者为了满足欲望，对别的国家发动战争，用严厉的手段对待人民，统治者的这些行为正如大自然中的大风大雨，肯定也不能持续太久。

可惜当时的统治者为了追求享受，随意地发动战争，做什么事情都没有一定的标准。他们为了得到一点土地和财富，为了显示自己的强大，失去再多的生命都不觉得可惜。他们总是希望能占有所有的财富，不愿意与别人分享，总是希望所有人都能服从自己的命令，所以不停地发动战争。

老子无奈地说，为什么作为一个国家的统治者，还这么随意、不冷静地处理问题呢？

本级词：

全都 quándōu | all

所在 suǒzài | where sb. or sth. is

运行 yùnxíng | to run

展示 zhǎnshì | to show

频繁 pínfán | frequently

约束 yuēshù | to restrain, to keep within bounds

分享 fēnxiǎng | to share

无奈 wúnài | cannot help but

1. <u>老子</u>认为当时统治者发动战争主要是为了_____。

   A. 满足自己的欲望   B. 让人民得到更多的财富

   C. 保卫自己的国家   D. 帮助别的国家

2. 统治者的行为与大风大雨有什么相似的地方？

3. 在<u>老子</u>看来，怎么才能从战争走向和平？

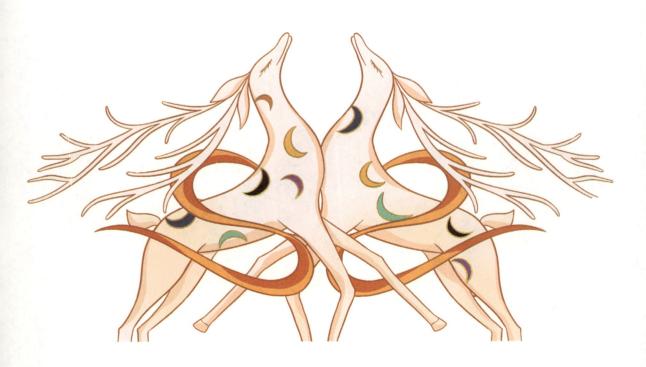

四　三件宝贝：最重要的是慈爱

老子说他有三件宝贝：第一件是慈爱，第二件是节俭，第三件是不和别人争的谦虚态度。拥有了这三件宝贝，不用发动战争就能取得胜利，国家和国家之间能够和平相处，社会能够重新繁荣起来，人民也可以过上平静幸福的生活。

这三件宝贝中最重要的是慈爱。慈爱就是爱心加上同情心，这是人类能够友好相处的前提。当时社会战争不断，国家与国家之间常常用武力来决定胜负，轻易地让人们失去生命，这一混乱的局面令老子深深地感到人与人之间缺乏爱心和同情心。

如果有一颗慈爱的心，人们就不会轻易发动害人害己的战争，当战争不可避免时，也不会轻易地用武力来战胜对方。我们会看到这样的场面：有一排一排的士兵，却好像没有士兵可用；拿起武器需要使用胳膊，却好像没有胳膊可用；虽然面对敌人，却好像没有敌人需要攻打；虽然有武器，却好像没有武器可以拿起来使用。这样的描述看起来非常奇怪，其实老子想表达的意思是，慈爱的人即使有战胜对方的力量，也不轻易使用。拥有慈爱的心会让人变得勇敢而强大，因此能取得最后的胜利。在为了正义而发动的战争中可以取得胜利，在为了保卫国家而被动参加的战争中也可以取得胜利。一个人如果拥有慈爱的心，大家都会来帮助他，保护他。

第二件宝贝是节俭。节俭的意思非常丰富，指不浪费，没有过多的欲望，不做不合适的事情，重视培养内在的力量等等。拥有了这件宝贝，自然也不会轻易地去发动战争。

第三件宝贝是不和别人争的谦虚态度。不要和别人竞争，总是想打败别人，要愿意走在别人后面，要愿意处在比较低的位置，这就是老子主张的"不争"。为什么河里的水最后都流入大海呢？就是因为大海都处在比较低的位置啊。统治者如果"不争"，愿意处在低的位置，那么反而没有人能和他争了，人民都愿意服从他的领导，就像河里的水最后都流入大海一样。

国家与国家之间也是如此，如果每个国家都"不争"，都愿意处在低的位置，那么怎么会出现用武力来解决问题的战争呢？大国如果愿意处在低的位置，那么就会取得小国的信任，小国会主动团结在大国的周围；小国如果愿意处在低的位置，那么大国就愿意平等地对待小国。老子觉得人类能不能和平相处，大国的态度和立场尤其重要，大国不能凭强大的实力随意攻打小国，不要为了满足自己过多的欲望，去抢小国的土地和财富。无论是大国要取得小国的信任，还是小国要赢得大国的平等对待，都需要双方"不争"，这样就能彼此信任，共享和平。

统治者"不争"的结果是不仅赢得了国内群众的尊重，而且赢得了其他国家的尊重。"不争"的结果是没有人能和你争，反而取得了胜利。很多人因此又误会老子是个有计谋的人，其实老子不是让人为了取得胜利，故意"不争"，取得胜利只是"不争"的一个自然的结果：愿意处在低处的人，最后人们反而愿意将他放在高的位置上。

本级词：

胜负 shèngfù | victory or defeat	凭 píng | to rely on
局面 júmiàn | situation	彼此 bǐcǐ | each other
场面 chǎngmiàn | scene	共享 gòngxiǎng | to share
正义 zhèngyì | justice	群众 qúnzhòng | the masses
立场 lìchǎng | standpoint	

超纲词：

胳膊 gēbo \| arm

练习

1. 老子说他有三件宝贝，下列哪一个不是呢？_____

   A. 慈爱

   B. 不和别人争的谦虚态度

   C. 节俭

   D. 做一个有道德的人

2. 老子的三件宝贝中，你最欣赏哪一个？为什么？

3. "不争"的结果是没有人能和你争，你觉得这是老子的计谋吗？

第八章 养生与修身

一　减少欲望：色彩太多，眼睛反而看不清楚

养生就是保养自己的身体和生命，让自己健康一点，活得更久一些。一般人都重视养生，老子也不例外。

当时，一般人如何养生呢？自然是让自己吃得更好一些，穿得更好一些，注重身体的享受，尽量满足自己的物质欲望。老子却觉得这是过度养生，不是正确的养生方法。

老子说，从生到死，长寿的人大概占十分之三，短命的大概也占十分之三，这些都属于自然死去；还有十分之三的人是本来可以长寿，但是因为太注重享受，反而伤害了身体，没能长寿。比如有人爱喝酒，觉得是一种难得的享受，所以常常要喝酒，有时还会喝醉，这对身体的伤害很大。

时至今日，我们身边还是有这样的人啊，吃高级的食物，喝高级的白酒，甚至还吃各种专门用于养生的营养品，结果反而因为营养太多、热量过高等各种原因损害了自己的健康。有人为了让自己的身体得到享受，出门都乘坐各种方便的交通工具，也有人为了锻炼身体，选择强度高、时间长的运动，这些举动都不同程度地伤害了自己的身体，没能实现养生的目的。

老子觉得剩下的十分之一的人，才是真正善于养生的人。老子提倡的养生方法和一般人的做法完全不同，他的养生方法其实就是其"自然""无为"思想的体现：一切不要过度，要遵守自然的原则。

要正确地养生，首先要做到的就是不能只追求物质享受，让自己的欲望越来越难以满足。过多的物质享受对身体和生命没有好处，只有坏处。

物质欲望包括很多方面，可以给人带来各方面的刺激，吸引无数的人不顾一切地去追求。老子却说，过分追求色彩的享受，令人眼睛看不清楚；过分追求声音的享受，令人耳朵听不清楚；过分追求味道的享受，令人吃不出食物的味道；天天忙着骑马打猎，令人内心难以平静下来；过分追求金银、珍珠这些不容易得到的宝贝，令人做出不合适的事情。

老子看人生的角度总是比较特别，也比较有趣。一般人会觉得眼睛就是用来看各种色彩的，老子却说色彩太多会损害眼睛；一般人会觉得耳朵就是用来听各种声音的，老子却说声音太多会损害耳朵……老子的这些说法看上去有点奇怪，仔细想想才明白，里面的道理其实很深刻。自然的色彩、声音、味道，一般对人的眼睛、耳朵、嘴巴没有不良影响，可人们为了得到更多的刺激，又制造出越来越多的色彩、声音和味道，慢慢地，人们的眼睛感受不到大自然景色的美好，耳朵感受不到雨声、风声、鸟叫声的美好，嘴巴感受不到食物自身味道的美好。为了满足欲望，就需要不停地追求新的色彩、声音、味道等的刺激，人们的感觉能力越来越差，离自然的生活也越来越远了。

随着当时社会的加速发展，人们的物质欲望也越来越多。人们整天忙来忙去，过着看起来很热闹的生活，身体却越来越累，心情也常常难以平静，失去了原有的自然纯朴。老子希望人们尽可能地摆脱物质欲望的影响和伤害，这样才能真正保养好自己的身体，爱护自己的生命。

老子说，圣人只要求吃饱穿暖，有间能居住的房子就可以，在简单的生活中，感受自然的美好，追求内心的平静，并不追求过多的物质享受。

本级词：

保养 bǎoyǎng | to take good care of one's health

注重 zhùzhòng | to pay attention to

过度 guòdù | excessive

长寿 chángshòu | long-lived, a long life

难得 nándé | rare

醉 zuì | drunk

今日 jīnrì | today

白酒 báijiǔ | Chinese spirit distilled from sorghum, rice, maize, etc.

热量 rèliàng | quantity of heat

强度 qiángdù | intensity

举动 jǔdòng | act

加速 jiāsù | to accelerate

尽可能 jìnkěnéng | as ... as possible

超纲词：

养生 yǎngshēng | to keep in good health

修身 xiūshēn | to cultivate one's moral character

短命 duǎnmìng | short-lived, a short life

打猎 dǎliè | to go hunting

练 习

1. 老子觉得哪类人最少？ _____

    A. 长寿的

    B. 善于养生的

    C. 短命的

    D. 本来可以长寿却没能长寿的

2. 在老子看来，为什么有些人本来可以长寿，结果却没能长寿？

3. 为什么老子说色彩太多会损害眼睛，声音太多会损害耳朵？

二　名利与生命：哪一样更珍贵呢？

老子觉得只有生命才是真正属于自己的，名利是生命之外的东西。老子看到人们常常不顾自己的生命去追求名利，他提出了一个严肃的问题：名利和生命比起来，哪一样更珍贵？失去名利和失去生命比起来，哪一样更有害？

问题似乎不难回答，不过认真思考过的人可能并不多。有的人意识到生命才是最重要时，也许已经晚了。

战国时有个名叫李斯的人，他十分渴望名利。据说他看到粮食堆里的老鼠都吃得胖胖的，也没人干扰它们，其他地方的老鼠就没这样的好运气了，于是受到启发，明白人和老鼠一样啊——环境不一样，命运也不一样。后来，他通过自己的努力，去了秦国，有了接近秦王的机会，并帮助秦王统一了天下。在这个过程中，李斯做了大官，成了著名的政治家、文学家、一流的书法家，名利一下子都有了。不幸的是，后来他由于政治原因被杀。被杀之前，回顾自己的一生，他对儿子说："现在我想和你一起带着一条黄狗去抓兔子，过简单却快乐的生活，可是哪里还有可能呢？"

在生命快结束时，李斯才感受到随时都会失去名利，真正属于自己的只有生命。这时，他开始后悔，花了太多精力去追求名利这些不属于自己的东西，想回到简单的生活，可是已经来不及了。老子说，过分地追求名利，一定会付出重大的代价，带来重大的损失。

老子还发现，很多人把别人对自己的态度，也看得比自己的身体和生命更重要。被别人讨厌或看不起，心里会很慌、很担心；被别人喜欢或崇拜，心里同样很慌、很担心：这是为什么呢？人们都希望被别人喜欢或尊重，一旦得到了，就时刻担心什么时候会失去，所以总是很小心，强迫自己变成别人期望的样子。这意味着不论什么时候，内心都不平静、不开心，担心得不到，得到了又担心会失去，太辛苦了！这都是因为过分重视生命之外的东西啊。

怎么才能让生命之外的事物不损害自己的生命呢？天地的一切活动都不是为

89

了自己，从来不想着自己，反而可以存在很久。老子认为，如果人也像天地那样，不去过多地考虑自己的身体和生命，就这么自然地生活着，反而会活得更久。这种态度是不是令人感到很熟悉呢？没错，这就是老子"自然""无为"的态度在养生方面的运用啊。不过多地考虑自己的身体和生命，反而能很好地保养自己的身体，爱护自己的生命，这就是"无为而无不为"。

不觉得活着就值得特别开心，所以用不着去追求名利让自己活得更好；也不觉得死去会特别悲伤，所以不会因为害怕死去而整天紧张地生活。老子把生命视为一个自然的过程，自然地活着，不过分地重视，这样生命之外的东西就无法损害生命了。老子认为这才是养生的正确做法。

本级词：

严肃 yánsù | serious

渴望 kěwàng | to long for

启发 qǐfā | inspiration

一流 yīliú | first-rate

书法 shūfǎ | calligraphy

回顾 huígù | to review

后悔 hòuhuǐ | to regret

慌 huāng | to be flustered

期望 qīwàng | to expect

意味着 yìwèi zhe | to mean

用不着 yòngbuzháo | (there is) no need

练 习

1. 李斯不是一个_____。

    A. 书法家   B. 政治家   C. 文学家   D. 画家

2. 名利和生命比起来，你觉得哪一个更重要？为什么？

3. 在老子看来，养生的正确做法是什么？

三　自然天真：回到婴儿的状态

养生之外，还需要修身。养生是保养自己的身体和生命，修身是提高自己的修养，修养包括很多方面，主要指道德修养。

在修身方面，老子仍然将"自然""无为"作为原则和目标。

美丽珍贵的玉，人人见了都喜爱，人们到处寻找，将玉加工成各种各样的东西，小心爱护着。普普通通的石头，很少有人去关注它们，更没有人专门去寻找它们，加工它们。一般人都希望自己能像玉那样美丽，吸引人们的目光，老子更欣赏的却是看上去普通的石头。石头保留了自己自然朴素的样子，而且非常结实；玉虽然美丽，却早已不是最初的样子，而且容易摔碎。老子提倡的修身方法，正是像石头那样保持自然朴素的状态。

前面我们介绍过，老子认为人最初都是自然朴素的，拥有的是自然的道德，因而当时人们根本不受道德观念的制约，也根本不知道什么是道德观念。鸟儿在空中自由地飞来飞去，不会觉得空气有多重要；鱼儿在水中快活地游来游去，也

不会感到水的重要。人也是如此啊，生活在自然的道德之中，自然就不会感到道德的重要；失去自然的道德之后，才会感到道德的重要，才会制定出道德的规范。

山中的花儿自然地开放，自然地飘落，每朵花儿都是自己最自然、最美丽的样子。花园中的花儿也很美丽，人们用剪刀将枝叶剪成自己喜欢的样子，培育出自己喜欢的颜色、喜欢的品种，花儿都按照人们喜欢的样子生长着，开放着。你愿意做哪里的花儿？愿意欣赏哪里的花儿？哪里的花儿更有活力呢？

老子认为，当时人们的思想都被道德规范固定在一定的形式中，失去了自主的精神，正如花园中的花儿。老子希望人们能像山中自由生长的花儿，他觉得自然的道德高于规定的道德，修身的目标是希望人们恢复到最初自然朴素、自主自由的状态。

人们可能已经忘记了人类最初的状态，于是，老子又提出了一个更容易明白的修身目标，那就是回到婴儿的状态。婴儿是人的一生中最初的阶段，婴儿的样子，人人都可以看到：自然天真，就好像人类最初的状态。

我们当然不可能真的做个婴儿。老子认为，具有高尚修养的人，其内心应该像婴儿一样自然天真，这也是他自身的追求。

老子说，大家都非常开心，好像参加热闹的聚会，又像是春天登到高处欣赏美丽的风景，都在享受快乐的时光；追求高尚修养的人却独自保持安静，没有兴趣享受物质，就好像一个还不会笑的婴儿，没有计谋，不用担心，不会开心也不会生气。

婴儿不仅自然天真，而且精力充足，即使哭一整天，哭声也依然很响。他们身体软软的，手脚动起来却很有力，摔伤了也很容易恢复。老子说，所有的动物都伤害不了婴儿（当然，这是一种象征的说法）。一个修养很高的人就像自然天真的婴儿一样，他们不受外界事物的影响，也不会受到外界事物的伤害。

在老子看来，自然天真的状态是最珍贵的。不幸的是，在人类的发展和人的成长过程中，自然天真在一点点地消失。因此，老子提倡的修身，就是要人们一步步回到婴儿那样自然天真的状态。

自然天真的状态就是老子一直追求的"自然""无为"的"道"，这是老子思想最重要的内容。

本级词：

修养 xiūyǎng | self cultivation

目光 mùguāng | sight, view

制约 zhìyuē | to restrict

快活 kuàihuo | happy

朵 duǒ | (a measure word for flowers, clouds, etc.)

剪刀 jiǎndāo | scissors

品种 pǐnzhǒng | variety

高于 gāoyú | to exceed

时光 shíguāng | time

充足 chōngzú | adequate, full of

有力 yǒulì | powerful

象征 xiàngzhēng | to symbolize

外界 wàijiè | the external world

超纲词：

各种各样 gèzhǒng-gèyàng | all kinds of

练 习

1. 和玉比起来，老子更喜欢石头的主要原因是什么？_____。

   A. 石头更漂亮　　　　　　　　B. 石头更自然朴素

   C. 石头更容易找到　　　　　　D. 石头更便宜

2. 和花园中的花儿比起来，老子为什么更喜欢山中的花儿？

3. 为什么老子提倡人们回到婴儿的状态？

四 心如明镜：擦去落在心上的灰尘

像婴儿一样自然天真的状态是最珍贵的，追求"自然""无为"的"道"是修身的目标，那么怎么才能达到"道"这个目标呢？

修身和其他的学习不同，方法自然也不一样。老子说，一般的学习是一天比一天增加新知识，获得"道"却是要一天比一天减少，一直减少到"无为"为止。于是，有人觉得老子说的修身与学习是互相矛盾的，学习就无法修身，修身就无法学习，甚至有人认为他否定经验和知识。这无疑又是一个误解，学习与修身的对象不同，学习要增加的是经验和知识，修身要减少的可不是经验和知识，而是个人的欲望、计谋和小聪明等等。修身的目标是回复到自然的状态，那么就需要排除这些东西，排除得越彻底越好。修身和学习是两条不同的道路，并没有冲突。

一个人的知识越丰富，可能欲望、计谋、过于主观的看法也会越多，甚至更容易觉得自己是最厉害的人，别人都不如自己。老子并不反对人们追求知识，只是认为人在增加知识的同时，也应该不断减少自己的欲望、计谋等，成为一个高尚的、有"道"的人。

修身最大的敌人就是心中不断增长的欲望。自然状态的内心像一面干净明亮的镜子，心如明镜就很容易看清楚事物的真相，从而获得"道"。心中越来越多的欲望就好像落在镜子上的灰尘，令人们无法看清事物的真相。镜子上落了灰尘，人们会及时擦去；心中欲望增长了，我们也要随时排除。

修身的第二个敌人是计谋和小聪明，这也是落在心上的灰尘。为了满足自己越来越多的欲望，为了获得名利，为了在竞争中取得胜利，人们变得越来越积极，忙着想越来越多的主意，运用越来越多的计谋。结果是社会变得混乱，人的内心失去了平静，甚至造成了各种各样的心理问题。老子觉得这不是真正的聪明，不要做这样的聪明人，应该做一个看起来不那么聪明的"愚人"。

前面我们介绍过，老子提倡统治者用"愚"来治理国家，社会就会恢复到自然美好的状态。在修身方面同样如此，排除了计谋和小聪明，做个"愚人"，内心就能达到不受外部事物干扰的自然状态。

"愚人"是什么样的呢？老子说他本人就是这样一个"愚人"：别人似乎有用不完的能力和智慧，自己好像很缺乏；别人是了不起的样子，自己却很普通；别人什么都看得清楚明白，自己却好像什么都看不清楚；别人都很有用，都有很多要做的事情，自己却没什么用；别人都追求热闹，追求享受，自己却只想过简单朴素的生活。他没有太多的欲望，就像大海一样宽广安静，又像台风一样没有目的，没有一定要去的地方，因为他重视的是内心的生活，追求的是"道"。

有"道"的人看起来"愚"，其实却有着人类最高的智慧，就好像一个人穿着朴素的衣服，衣服里放着的却是珍贵的美玉。

人们都习惯从自己的角度思考问题，对待别人，这样不免会产生各种过于主观的看法和做法。这是人们获得客观认识的一个阻碍，因而也是修身过程中必须排除的。

修身就是不断排除内心的这些灰尘，让内心回到自然天真的状态。内心一旦达到这样的状态，再去观察事物，就很容易发现事物的真相和规律，就可以获得"道"了。

老子的修身特别重视内心的修养，他说，你越向外追求，你的心越混乱，知道的反而越少。

本级词：

为止 wéizhǐ | up to, till

排除 páichú | to eliminate

冲突 chōngtū | conflict, clash

过于 guòyú | too, excessively

真相 zhēnxiàng | truth

台风 táifēng | typhoon

不免 bùmiǎn | unavoidably

阻碍 zǔ'ài | obstruction

超纲词：

灰尘 huīchén | dust

练 习

1. 下列哪一项不是修身过程中必须排除的？ _____

   A. 过于主观的看法和做法 　　　　B. 丰富的经验和知识

   C. 不断增长的欲望 　　　　　　　D. 计谋

2. 你认为老子说的修身和学习互相矛盾吗？

3. 文中"落在心上的灰尘"指的是什么？

第九章 为人与处世

 一 弱比强好：大风吹倒的是大树而不是小草

老子的人生哲学不仅为养生和修身提供了指导，还回答了如何为人处世的问题。为人处世就是如何做人，如何在社会上活动，如何与别人相处。

老子为人处世和修身的原则相同，都是要遵守"自然""无为"的原则。修身是内在的，为人处世是修身方法向外的展现。

老子对自然和生命的变化非常敏感，他常常从观察到的现象中受到启发，总结出一个个为人处世的道理。老子独特的眼光和思维方式，让他总是能发现一般人难以发现的道理，这些道理常常和人们的常识相反，当然也达到了一般人难以达到的高度。

一般人都会觉得强当然比弱好得多，所以身体要强，性格、事业什么的，也都要强大，人人都争着做一个强者。前面我们介绍过，老子重视的却是柔弱，他认为柔弱比刚强更厉害，提倡柔弱是老子思想的一个重要特色。

春天刚长出的小草，软软的叶子，充满了活力；到了秋天叶子慢慢变硬，冬天渐渐死去，叶子变得更硬，一碰就断了。

大风吹过时，坚硬的大树很容易被吹倒；柔弱的小草只是弯弯腰，风停了就会恢复成原来的样子。

水是世界上最柔弱的，可是再厉害的刀也无法切断它。滴在坚硬的石头上，时间久了，就能穿过石头，汉语里的成语"水滴石穿"就是这个意思啊。足够多的水一旦合在一起，甚至可以破坏一切。

老子从众多自然现象中发现柔弱的东西属于"生"的一类，刚强的东西属于"死"的一类，柔弱比刚强更好。口中的牙比舌头坚硬多了，不过牙一个个掉了以后，舌头依然还在口中。坚硬的大树容易折断，坚硬的玻璃容易摔碎，人太刚强也容易受到伤害。

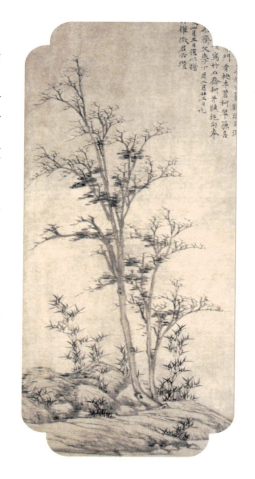

三国时的魏（Wèi）国有个聪明人叫杨修（Yáng Xiū），魏王曹操（Cáo Cāo）也很聪明。开始的时候，曹操很信任杨修，两个人的关系很好。可是杨修太聪明了，还总是表现出来。有一次曹操派人修建一个大门，去检查时，一句话都没说，什么指示也没有，只见他在一扇门上写了一个"活"字就走了。在场的工人们都吓得快哭了，心里想："这下完了！"他们知道曹操不高兴就会杀人的。大家正担心的时候，杨修来了，他让工人赶紧把门拆除，缩小尺寸后再重新建造。工人们都不明白为什么要这么做，杨修解释说："这个'活'字写在门上，正好是个'阔'字，魏王就是觉得这个门太宽太阔了啊。"于是工人们依照他的说法拆了门，重新修建了一个小一点的门，魏王再来看时，果然非常满意。大家都觉得杨修真够聪明的，魏王知道后称赞了杨修，心里却有些不高兴：谁希望有人比自己更聪明呢？而且曹操还是杨修的上级。

后来类似这样的事情还发生了好几次，曹操就找了个理由杀了杨修。杨修总是表现得比曹操还强，这是他被杀的一个重要原因啊。

现在人们谈到<u>老子</u>重视柔弱的思想，往往从柔弱能战胜刚强这个角度来理解，这样保持柔弱就变成了一个计谋，其实这并不完全符合<u>老子</u>本来的意思。

<u>老子</u>重视柔弱，主要目的不是为了战胜刚强，战胜刚强只是一个自然的结果。一方面，<u>老子</u>看到当时的人们都喜欢强不喜欢弱，总是想着要战胜别人，人与人之间充满了矛盾，所以他希望人们都主动选择弱，放弃强，这样人和人之间的相处就非常容易了；另一方面，既然柔弱是生的象征，刚强是死的象征，那就要使自己尽可能地处于柔弱的状态，这样就可以一直保持着生命力，也更有发展的前途。

本级词：

敏感 mǐngǎn | sensitive

高度 gāodù | altitude, height

众多 zhòngduō | numerous

玻璃 bōli | glass

修建 xiūjiàn | to build

一句话 yíjùhuà | a sentence, (in) a word

指示 zhǐshì | instructions

只见 zhǐjiàn | only to see

扇 shàn | (a measure word for doors, windows, etc.)

在场 zàichǎng | to be on the scene

吓 xià | to frighten, to scare

完了 wánle | (to be) done for

拆除 chāichú | to tear down

建造 jiànzào | to build, to construct

依照 yīzhào | according to

拆 chāi | to pull down

上级 shàngjí | one's superior

超纲词：

为人 wéirén | to conduct oneself

处世 chǔshì | to conduct oneself in society

坚硬 jiānyìng | hard, solid

滴 dī | to drip

舌头 shétou | tongue

阔 kuò | wide

练 习

1. 下列不属于"弱比强更厉害"的自然现象是 _____。

　　A. 大风吹倒的是大树而不是小草

　　B. 春天的小草充满活力，到了秋冬天慢慢死去

　　C. 刀无法将水切断

　　D. 鱼儿在水中就感觉不到水的重要

2. 你怎么评价杨修这个人？

3. 老子重视柔弱，与为人处世有什么关系？

二　谦虚不争：完美的人就像水一样

老子特别欣赏自然中的水，他说：最完美的人就像水一样啊！水是最接近"道"的。为什么老子对水有这么高的评价？水最重要的特性，除了前面提到的柔弱，还有什么呢？

水总是从高处流到低处，愿意停留在大家都不喜欢的低处。人也应该学习水，愿意处在低处，要谦虚，愿意去别人不愿意去的地方，做别人不愿意做的事情。

谦虚，愿意处在低处，是老子在为人处世方面特别重视的内容。孔子向老子请教时，老子唯一希望孔子能做到的，就是要谦虚，不要觉得自己很了不起。老子说他拥有三个宝贝，其中之一就是不和别人争的谦虚态度。

老子说的谦虚含义非常丰富，他希望人们不要处处表现自己，不要总是以为自己是正确的，更不要觉得自己很了不起。知道自己还有很多不知道的，这才是最好的；明明不知道还觉得自己什么都知道，这是一个严重的缺点。

老子说，踮起脚想显得更高一些，反而站不稳，脚步特别大，想走得快一点，反而走不远。同样，人们不谦虚的行为，本来是想显得自己很厉害，结果反而令人讨厌。谦虚一些，不仅可以保护自己，也可以避免人与人之间的冲突，因为不谦虚而害人害己的例子实在太多了！

水虽然处在低处，却在低处滋润万物，做着有利于万物的事情。万物离不开水，水滋润了万物，却不要求万物的回报，正如"道"创造了万物，也不要求万物的回报。那么人也应该尽可能地献出自己的力量去帮助别人，不要求别人的回报，也不和别人争名利。

老子觉得，最完善的人、最高尚的道德也像山谷一样。山谷和水一样都处在低处，此外，山谷还有一个特点是空，空空的山谷可以包容万物，这正好符合"道"的特性，"道"中包含着万物。人在为人处世中应该像山谷那样虚心，这样就可以包容一切，不会不许别人有不同的意见和做法，不会轻易打击别人，那么社会中大多数矛盾就消失了。山谷从来不有意向人们展示山谷深处的迷人景象，人也一样，内心丰富，思想深刻，却从来不有意表现出来。所以老子才对孔子说，聪明的商人都会把自己的好商品藏起来，道德高尚的人看上去都是非常天真朴素的，甚至有点傻。

山谷处在低处，水都流进山谷；大海处在低处，河水都流向大海；谦虚、不和别人相争的人，容易赢得大家的尊重，人们也愿意跟随他们。前面我们讲到过，有人误会老子真正的目的是"争"，"不争"是手段，向后退其实是想向前进。历史上不少人真的这样做了，最典型的例子是有人明明想做官，却故意先拒绝，甚至躲起来，最后成功地引起了统治者的注意，得到了满意的职位。这些人真的把"不争"作为"争"的手段，后退是为了前进，并取得了成功，不过这并不是老子本来的意思。

水往低处流，这是水自然的特性，不是水故意要往低处流；水在低处滋润万物，也不是有意去做的，完全是一个自然的行为，不是有意的付出，所以不要求回报。老子提倡的"不争"也是如此，他希望人们把"不争"作为一种自然的生活态度和与人相处的原则。最后取得胜利也好，赢得别人的尊重也好，那都是自然的结果，不是有意追求得到的。

本级词：

唯一 wéiyī | only

脚步 jiǎobù | footstep

献 xiàn | to give, to contribute

虚心 xūxīn | open-minded, modest

不许 bùxǔ | to prohibit

深处 shēnchù | deep

拒绝 jùjué | to refuse

也好 yěhǎo | (reduplicated) whether … or …

超纲词：

处处 chùchù | everywhere

踮 diǎn | to stand on tiptoe

山谷 shāngǔ | valley

练 习

1. 老子觉得水和山谷有什么相同的地方？ _____

    A. 都处在低处

    B. 空空的，可以包容万物

    C. 滋润万物，不要求回报

    D. 具有柔弱的特性

2. 老子说的谦虚有哪些含义？

3. 你觉得在为人处世方面，谦虚很重要吗？

三　慈爱的心：付出越多，内心越充足

老子有三个宝贝，他把慈爱排在第一位。爱虽然看不见摸不着，但有一种神奇的力量：有了爱，人与人之间的相处就变得容易起来，人与人之间的矛盾也容易解决了，甚至根本就不会产生任何矛盾。

镜子摔碎了，还可以再拼起来，不过还是能看出摔碎过的样子；人和人之间有了矛盾，也可以解决，不过很难再回到最初的状态。既然要把镜子重新拼起来，就不如不摔碎镜子；既然要解决矛盾，就不如不让矛盾发生。

那么怎么才能让矛盾不发生呢？

善良的人，我们友好地对待他们；不善良的人，我们也友好地对待他们：那么谁还会和我们发生矛盾呢？善良的人可以当不善良的人的老师，这样不善良的人可能会转换想法，变成善良的人；不善良的人也可以当善良人的镜子，善良的人就会提醒自己，一定不要做一个不善良的人。老子觉得，如果不尊重可以做自己老师的人，不珍惜可以做自己镜子的人，虽然自以为很聪明，其实掌握的并不是真理啊。就好像在一个公司，你是总裁也好，助理也好，只不过是职务的差别、能力的差别，但大家各有各的作用。如果人们都能认识到这一点，就会自愿地尊重对方，这样人与人之间的矛盾消失了，公司总体实力也增强了。

老子理想中的人应该是藏起自己的才能，不显示出自己有多厉害，超越一切矛盾，用平等的态度去对待一切。这种无差别的对待，正是老子对人类充满爱心和同情心的体现。道德高尚的人都有慈爱的心，对待大家的态度都一样。他们觉得人与人之间有差别，但是都有存在的理由，因而不会放弃任何人、任何东西，珍贵的玉和普通的石头在他们眼中的价值是相同的。

没有矛盾当然最好。如果别人做了损害自己的事情，有了矛盾，又如何消除呢？

老子认为，严重的问题都是从小问题发展起来的，所以小问题一旦出现，就要认真处理，否则变成严重问题后就难以解决了。别人做了损害自己的事，如果

我们不去积极解决，或者也去做损害对方的事，那么就会发展成大的矛盾；如果我们做好的事情去回报别人对我们的伤害，那么矛盾在扩大之前就消除了。

以前有两个靠在一起的国家，他们都在边境种了瓜。一个国家的人很爱劳动，瓜便长得特别好，另一个国家的人不爱劳动，瓜也长得特别不好。瓜长得不好的一方非常生气，就半夜起来去破坏长得好的瓜。对方看到后，不但没有去骂他们，也没有要求赔偿，反而偷偷去替他们照顾长得不好的瓜。后来，瓜长得不好的一方发现了真相，感到非常不好意思，赶紧承认了错误，从此两个国家之间再也没有发生过任何矛盾。

别人损害自己的利益时，我们却做好的事情去回报别人，这和友好地对待不善良的人是相同的逻辑。对任何人都有慈爱的心，才可以做到这一点，这样即使有了矛盾，也可以很快消除。

爱的能力就是付出的能力。老子说，道德高尚的人不想着自己占有，他会尽量地帮助别人，付出越多，自己内心反而越充足，越丰富。

本级词：

充足 chōngzú | sufficient

拼 pīn | to piece together

转换 zhuǎnhuàn | to change

掌握 zhǎngwò | to grasp

真理 zhēnlǐ | truth

总裁 zǒngcái | president

助理 zhùlǐ | assistant

职务 zhíwù | job, post

自愿 zìyuàn | of one's own free will, voluntarily

总体 zǒngtǐ | overall

增强 zēngqiáng | to strengthen

骂 mà | to verbally abuse

赔偿 péicháng | to compensate

练习

1. 长得好的瓜被破坏后，瓜的主人们是怎么做的？ _____

   A. 要求赔偿   B. 指责破坏瓜的人

   C. 什么都没做   D. 偷偷照顾对方长得不好的瓜

2. 老子认为怎么做可以避免矛盾的发生？

3. 老子消除矛盾的方法是什么？你会采用这样的方法吗？

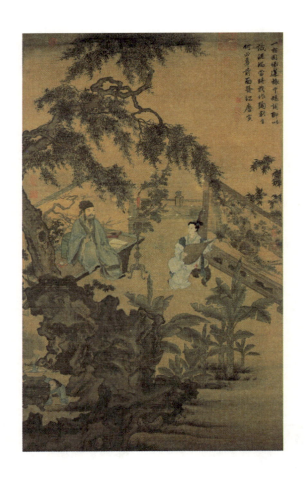

四　功成身退：杯子里的水太满就会溢出来

　　杯子里的水太满了就会溢出来，那么水装得差不多了就可以停下来了，不要太满；厨房中的刀加工得太薄就容易断，那么刀加工得差不多就可以了，不要太薄；一个人的资产太多，存款太多，就容易引起骗子、小偷儿的注意，从而给自己带来危险，所以财富够用就不要再继续占有了；一个人有了名利之后，就自以为很了不起，不约束自己的行为，舍不得放弃现有的一切，而且还想得到更多，那么一定会给自己带来灾难。

　　前面我们提到的李斯就是如此，他做了秦朝的大官以后，继续追求并享受着名利，却没想到后来为此付出了生命的代价。在生命的最后时刻，他回忆起当年简单却快乐的时光，但再也回不去了。

　　韩信在战争方面有着难得的才能，刘邦建立汉朝，韩信起到了很大的作用。汉朝建立以后，韩信做了楚王。可他觉得自己应该得到更高的职位，于是经常不顾场合，大胆地说些抱怨的话，结果不仅被调动到更低的职位，后来还被杀了。历史上这样的悲剧时常发生，这些人大多都是因为事情做好之后，还想一直占有成功的果实。

当然也有人做出了不同的选择，成功之后，他们对自己的人生做出了不一样的规划，选择了功成身退。前面我们提到过的范蠡正是这类人的代表，他帮助越王消灭吴国后，就立刻离开越国，此后过上了自由的生活。范蠡非常清醒，他看清了当时的情形，觉得成功以后继续留在越国是一件非常危险的事情，他还留了一个便条，提醒朋友 文种 也及时离开。可惜在离开越国这件事上，文种有点犹豫，结果越王强迫他自杀了。

成功之后的选择不一样，他们的命运也完全不一样。成功之时，人们往往会追求得到更多，享受成功带来的光荣，而能保持清醒的头脑，舍得放弃的人又有多少呢？

老子说的功成身退，不是要求人们一定要放弃原来拥有的一切，离开原来的位置，躲起来做个隐士。老子只是提醒人们，事情做好以后，也要谦虚，要知道满足，不要只想着占有，忘了付出，否则就会像装了太多水的杯子一样，杯子会倒，水会流到外面。

范蠡就在这方面给人们做了很好的示范。他放弃名利离开越国后，并不是躲起来什么都不做，而是很快又通过劳动和做生意积累了大量财富。范蠡非常懂得功成身退的道理，每次财富足够多时，他就分给别人，这样做不仅保护了自己，而且帮助了别人，赢得了人们的尊重。

"道"创造了万物，却不占有万物，那么事情做好以后，人也不应该只想着占有胜利的果实。"道"的运动规则是发展到极点时，就会向相反的方向变化，所以人在成功时仍然谦虚，知道满足，就不容易失败。

读到这里，我们不难看出，老子为了解决现实中的各种问题，对人类的行为和世界上的万物做了一个根本的思考，建立了"道"的学说，"自然""无为"是基本精神和重要内容。老子对于社会政治问题和人生问题的认识都建立在这个基础之上，所以理解了"道"，理解了"自然"和"无为"，老子的思想就不难理解了。

老子尽量用简单的文字讲出了朴素的道理，他说："我的话很容易明白，也很容易做到，但大家却不能明白，也做不到。"

简单的文字往往有深刻的意义，朴素的道理往往被人们忽视。希望这本小书能陪大家走近老子，一起阅读这些简单的文字，一起体会这些朴素的道理。

本级词：

厨房 chúfáng | kitchen

资产 zīchǎn | property

骗子 piànzi | swindler

小偷儿 xiǎotōur | thief

现有 xiànyǒu | now available, existing

起到 qǐ dào | to take (effect)

大胆 dàdǎn | bold

调动 diàodòng | to transfer

时常 shícháng | frequently

规划 guīhuà | planning

此后 cǐhòu | hereafter

情形 qíngxíng | situation, condition

便条 biàntiáo | note

犹豫 yóuyù | to hesitate

自杀 zìshā | to commit suicide

示范 shìfàn | to set an example

超纲词：

功成身退 gōngchéng-shēntuì | to retire after winning merit

溢 yì | to overflow

为此 wèicǐ | for this purpose

练 习

1. 谁选择了功成身退？ _____

   A. 李斯   B. 范蠡   C. 韩信   D. 刘邦

2. 老子说的功成身退，就是成功后退出去做个隐士吗？

3. 你觉得范蠡是一个怎样的人？你欣赏他的做法吗？

练习参考答案

第一章　老子与《老子》

一、1. C

二、1. B

三、1. B

四、1. D

第二章　继承与发展

一、1. D

二、1. D

三、1. D

四、1. B

第三章　道与德

一、1. D

二、1. D

三、1. D

四、1. A

第四章　自然与无为

一、1. B

二、1. B

三、1. D

四、1. C

第五章　对立与循环

一、1. A

二、1. D

三、1. C

四、1. D

第六章　社会与政治

一、1. A

二、1. B

三、1. B

四、1. C

第七章　战争与和平

一、1. D

二、1. C

三、1. A

四、1. D

第八章　养生与修身

一、1. B

二、1. D

三、1. B

四、1. B

第九章　为人与处世

一、1. D

二、1. A

三、1. D

四、1. B

词汇表

A

安慰 ānwèi | comfort   1

岸 àn | bank   6

B

拔 bá | to pull up   4

白酒 báijiǔ | Chinese spirit distilled from sorghum, rice, maize, etc.   8

拜访 bàifǎng | to pay a visit   1

版本 bǎnběn | version   1

傍晚 bàngwǎn | dusk   5

保卫 bǎowèi | to defend   7

保养 bǎoyǎng | to take good care of one's health   8

抱怨 bàoyuàn | to complain   6

悲剧 bēijù | tragedy   7

悲伤 bēishāng | sad   1

被动 bèidòng | passive   7

本人 běnrén | oneself   1

本质 běnzhì | essence   3

彼此 bǐcǐ | each other   7

毕竟 bìjìng | after all   5

边境 biānjìng | border   1

便利 biànlì | convenient   6

便条 biàntiáo | note   9

便于 biànyú | easy to   6

玻璃 bōli | glass   9

不顾 búgù | regardless of   2

不利 búlì | disadvantageous, harmful   5

不耐烦 bú nàifán | impatient   1

不幸 búxìng | misfortune   5

不易 búyì | not easy, difficult   3

不再 búzài | no longer   2

不良 bùliáng | harmful   4

不免 bùmiǎn | unavoidably   8

不时 bùshí | from time to time   1

不停 bùtíng | without stop   3

不许 bùxǔ | to prohibit   9

不止 bùzhǐ | more than   1

不足 bùzú | insufficient   2

C

猜 cāi | to guess   1

猜测 cāicè | to guess   4

藏 cáng | to hide   1

草原 cǎoyuán | grassland   6

层次 céngcì | level   2

叉子 chāzi | fork   5

差别 chābié | difference   1

差距 chājù | gap   6

拆 chāi | to pull down 9

拆除 chāichú | to tear down 9

场面 chǎngmiàn | scene 7

超越 chāoyuè | to go beyond, to transcend 3

称呼 chēnghu | to call, to address 3

成效 chéngxiào | effect 1

成语 chéngyǔ | set phrase, idiom 5

乘坐 chéngzuò | to take (a means of transport) 2

池子 chízi | pond 2

冲突 chōngtū | conflict, clash 8

充足 chōngzú | sufficient 9

充足 chōngzú | adequate, full of 8

崇拜 chóngbài | worship 2

丑 chǒu | ugly 5

臭 chòu | smelly, stinking 5

初期 chūqī | initial stage 3

厨房 chúfáng | kitchen 9

处处 chùchù | everywhere 9

处罚 chǔfá | to punish 6

处世 chǔshì | to conduct oneself in society 9

处在 chǔzài | in the position of 2

创立 chuànglì | to create, to found 3

纯朴 chúnpǔ | simple, unsophisticated 6

辞职 cízhí | to resign 1

慈爱 cí'ài | love, affection 2

此后 cǐhòu | hereafter 9

次数 cìshù | number of times 1

聪明 cōngmíng | intelligent, bright 1

从而 cóng'ér | thus, consequently 7

从中 cóngzhōng | from 3

存款 cúnkuǎn | deposit 5

D

答复 dáfù | answer 3

打击 dǎjī | blow 2

打猎 dǎliè | to go hunting 8

大胆 dàdǎn | bold 9

大都 dàdōu | mostly 2

大夫 dàfū | a senior official in feudal China 2

大事 dàshì | great event 4

大象 dàxiàng | elephant 6

大熊猫 dàxióngmāo | panda 3

代价 dàijià | price, cost 4

待 dāi | to stay 5

蛋糕 dàngāo | cake 5

当代 dāngdài | contemporary 1

当年 dāngnián | at that time 1

当前 dāngqián | current 1

到来 dàolái | to arrive 5

倒是 dàoshì | (adv. indicating an unexpected transition) 4

道德 dàodé | morality 1

道家 Dàojiā | Taoist school, Taoism 1

得以 déyǐ | to be able to 6

等级 děngjí | social class, rank 2

滴 dī | to drip 9

踮 diǎn | to stand on tiptoe 9

调动 diàodòng | to transfer 9

丢 diū | to lose, to go missing 5

动机 dòngjī | motivation 3

动态 dòngtài | dynamic (state) 3

洞 dòng | cave 6

短命 duǎnmìng | short-lived, short life 8

堆 duī | pile 1

对立 duìlì | opposition 1

对应 duìyìng | to correspond 1

朵 duǒ | (a measure word for flowers, clouds, etc.) 8

E

儿女 érnǚ | sons and daughters 3

耳朵 ěrduo | ear 1

F

发布 fābù | to issue, to promulgate 6

法则 fǎzé | rule, law 6

繁荣 fánróng | prosperous 7

反面 fǎnmiàn | the reverse side 5

返回 fǎnhuí | to return 3

放弃 fàngqì | to give up 4

分类 fēnlèi | to classify 2

分离 fēnlí | to separate 3

分析 fēnxī | to analyze 7

分享 fēnxiǎng | to share 7

丰收 fēngshōu | bumper harvest 7

风光 fēngguāng | scenery 6

疯狂 fēngkuáng | frenzied, unbridled 6

凤 fèng | phoenix 4

扶 fú | to place a hand on sb. or sth. for support 5

服从 fúcóng | to obey 7

幅 fú | (a measure word for cloth, pictures, etc.) 6

辅助 fǔzhù | to assist 4

负责人 fùzé rén | person(s) in charge 1

G

干脆 gāncuì | simply 4

干扰 gānrǎo | to disturb 4

干预 gānyù | to intervene 4

刚强 gāngqiáng | strong, stiff 2

高大 gāodà | tall and big 3

高度 gāodù | altitude, height 9

高于 gāoyú | to exceed 8

胳膊 gēbo | arm 7

歌舞 gēwǔ | song and dance 2

各种各样 gèzhǒng-gèyàng | all kinds of 8

根源 gēnyuán | source, origin 3

跟前 gēnqián | front 5

跟随 gēnsuí | to follow 3

弓 gōng | bow 1

功成身退 gōngchéng-shēntuì | to retire after winning merit 9

攻打 gōngdǎ | to attack 7

共存 gòngcún | to coexist 5

共享 gòngxiǎng | to share 7

沟通 gōutōng | to communicate 4

古老 gǔlǎo | ancient 6

古人 gǔrén | the ancients 1

鼓励 gǔlì | to encourage 4

关爱 guān'ài | care and love 4

关键 guānjiàn | key 4

官员 guānyuán | official 1

冠军 guànjūn | first place, champion 5

光荣 guāngróng | honorable 6

光线 guāngxiàn | light 7

广 guǎng | wide 2

规划 guīhuà | planning 9

锅 guō | pan, pot 6

国民 guómín | the people of a nation 5

国王 guówáng | king 2

过度 guòdù | excessive 8

过于 guòyú | too, excessively 8

H

害 hài | to do harm to 4

好运 hǎoyùn | good luck 5

禾苗 hémiáo | seedlings of cereal crops 4

恨 hèn | hate 4

后悔 hòuhuǐ | to regret 8

后人 hòurén | later generations 1

胡子 húzi | mustache 1

虎 hǔ | tiger 4

画面 huàmiàn | picture 6

怀孕 huáiyùn | pregnant 1

慌 huāng | to be flustered 8

灰 huī | ash 1

灰尘 huīchén | dust 8

灰色 huīsè | gray 5

恢复 huīfù | to recover, to restore 2

回报 huíbào | reward 4

回避 huíbì | to avoid 1

回顾 huígù | to review 8

回头 huítóu | to return 7

回忆 huíyì | to call to mind 1

会谈 huìtán | talks 1

混乱 hùnluàn | disorder, chaos 1

活力 huólì | energy, vigour 3

火腿 huǒtuǐ | ham 5

J

机器人 jīqìrén | robot 4

极点 jídiǎn | limit, extreme 5

即使 jíshǐ | even if 4

计谋 jìmóu | scheme, trick 1

技能 jìnéng | skill 6

继承 jìchéng | to inherit 2

加上 jiāshàng | to add 1

加速 jiāsù | to accelerate 8

加以 jiāyǐ | (used before a disyllabic verb to indicate that the action is directed towards sth. or sb. mentioned earlier in the sentence) 3

家臣 jiāchén | servant, vassal 2

坚定 jiāndìng | firmly 2

坚硬 jiānyìng | hard, solid 9

艰难 jiānnán | hard, tough 2

剪刀 jiǎndāo | scissors 8

建造 jiànzào | to build, to construct 9

将 jiāng | (prep. used in the same way as 把) 2

将 jiāng | will, to be going to 1

将要 jiāngyào | will, to be going to 2

奖励 jiǎnglì | award 2

脚步 jiǎobù | footstep 9

接触 jiēchù | to contact 6

节俭 jiéjiǎn | frugality 2

节奏 jiézòu | rhythm 4

解放 jiěfàng | to liberate 7

今日 jīnrì | today 8

尽管 jǐnguǎn | though 6

尽可能 jìnkěnéng | as ... as possible 8

紧紧 jǐnjǐn | tightly 1

进攻 jìngōng | to attack, to assault 7

井 jǐng | well 1

景象 jǐngxiàng | scene, sight 4

警告 jǐnggào | warning 6

竞争 jìngzhēng | competition 1

居然 jūrán | unexpectedly 4

局面 júmiàn | situation 7

举动 jǔdòng | act 8

拒绝 jùjué | to refuse 9

军人 jūnrén | soldier 5

K

砍 kǎn | to chop 6

看成 kànchéng | to view as, to regard as 3

看出 kànchū | to see, to be aware of 2

看待 kàndài | to look upon 4

看得见 kàn de jiàn | visible 3

颗 kē | (a measure word, usually for something small and roundish) 1

可 kě | (used for emphasis) 1

可怜 kělián | pitiful, poor 5

可惜 kěxī | unfortunately 3

渴望 kěwàng | to long for 8

刻 kè | moment 3

肯定 kěndìng | to affirm 1

空中 kōngzhōng | in the sky 1

控制 kòngzhì | control 2

口水 kǒushuǐ | saliva 6

枯萎 kūwěi | to wither 5

快活 kuàihuo | happy 8

困扰 kùnrǎo | to perplex 5

阔 kuò | wide 9

L

狼 láng | wolf — 4

劳动 láodòng | physical labour — 2

礼 lǐ | rite, etiquette — 1

李子 lǐzi | plum — 1

理想国 lǐxiǎngguó | Utopia — 6

厉害 lìhai | awesome — 1

立 lì | to stand — 6

立场 lìchǎng | standpoint — 7

脸色 liǎnsè | complexion, look — 5

令 lìng | to make, to cause — 2

逻辑 luóji | logic — 3

落实 luòshí | to implement — 3

M

骂 mà | to verbally abuse — 9

漫长 màncháng | very long — 1

矛盾 máodùn | contradiction — 1

迷人 mírén | charming — 1

谜 mí | riddle — 1

面貌 miànmào | look — 1

灭亡 mièwáng | to perish, to be destroyed — 2

敏感 mǐngǎn | sensitive — 9

名利 mínglì | fame and gain — 6

明亮 míngliàng | bright — 1

明明 míngmíng | clearly, obviously — 2

命令 mìnglìng | order — 2

模范 mófàn | fine example — 6

模样 múyàng | appearance — 3

木匠 mùjiàng | carpenter — 6

目光 mùguāng | sight, view — 8

墓地 mùdì | cemetery — 1

N

耐心 nàixīn | patience — 3

男性 nánxìng | male — 2

难得 nándé | rare — 8

难以 nányǐ | difficult to — 2

内在 nèizài | inherence — 3

能量 néngliàng | energy — 3

农产品 nóngchǎnpǐn | agricultural products — 7

暖 nuǎn | warm — 7

女性 nǚxìng | female — 2

O

偶尔 ǒu'ěr | occasionally — 2

偶然 ǒurán | accidentally — 6

P

排除 páichú | to eliminate — 8

陪 péi | to accompany — 3

赔偿 péicháng | to compensate — 9

烹制 pēngzhì | to cook — 6

匹 pǐ | (a measure word for horses, mules, etc.) — 5

骗子 piànzi | swindler — 9

飘 piāo | to float (in the air) — 1

117

拼 pīn | to piece together 9

频繁 pínfán | frequently 7

品种 pǐnzhǒng | variety 8

平坦 píngtǎn | flat, smooth 6

平原 píngyuán | flatlands 4

凭 píng | to rely on 7

朴素 pǔsù | plain, frugal 6

Q

期望 qīwàng | to expect 8

其 qí | his/her/its/their 1

启发 qǐfā | inspiration 8

起到 qǐ dào | to take (effect) 9

谦虚 qiānxū | modest 1

前人 qiánrén | forefather, predecessor 1

前提 qiántí | premise 5

强盗 qiángdào | robber 2

强度 qiángdù | intensity 8

强迫 qiǎngpò | to force 4

墙壁 qiángbì | wall 5

抢 qiǎng | to rob 2

悄悄 qiāoqiāo | quietly 5

清晨 qīngchén | early morning 5

情形 qíngxíng | situation, condition 9

全都 quándōu | all 7

全世界 quán shìjiè | the whole world 1

劝 quàn | to persuade 2

缺乏 quēfá | to lack 7

却是 què shì | but 2

群体 qúntǐ | group 2

群众 qúnzhòng | the masses 7

R

热量 rèliàng | quantity of heat 8

人间 rénjiān | human world 3

人力 rénlì | manpower 6

人物 rénwù | figure, character 1

忍不住 rěnbúzhù | can't help (doing sth) 3

仍旧 réngjiù | still, as before 3

日食 rìshí | solar eclipse 4

柔弱 róuruò | weak, delicate 2

如此 rúcǐ | so, such 2

如同 rútóng | like 6

儒家 Rújiā | Confucian school, Confucianism

1

软 ruǎn | soft 5

弱小 ruòxiǎo | small and weak 2

S

杀 shā | to kill 2

沙漠 shāmò | desert 1

傻 shǎ | silly, stupid 1

山谷 shāngǔ | valley 9

山区 shānqū | mountain area 4

扇 shàn | (a measure word for doors,

windows, etc.) 9

上级 shàngjí | one's superior 9

舌头 shétou | tongue 9

舍不得 shěbudé | reluctant to part with　7

舍得 shěde | to be willing to part with　1

设想 shèxiǎng | to imagine　6

射击 shèjī | to shoot　6

伸展 shēnzhǎn | to extend　5

深处 shēnchù | deep　9

深度 shēndù | depth　3

神 shén | god　4

神奇 shénqí | magical, miraculous　3

升高 shēnggāo | to rise, to ascend　3

圣人 shèngrén | sage　4

胜负 shèngfù | victory or defeat　7

剩下 shèngxia | to remain　1

时常 shícháng | frequently　9

时光 shíguāng | time　8

时机 shíjī | opportunity　1

使得 shǐde | to make　1

示范 shìfàn | to set an example　9

式 shì | style　1

势力 shìlì | force, influence　7

试图 shìtú | to attempt　2

视为 shìwéi | to regard ... as　2

收集 shōují | to collect　2

手段 shǒuduàn | means　6

瘦 shòu | thin　5

书法 shūfǎ | calligraphy　8

书籍 shūjí | book(s)　1

熟悉 shúxi | (to be) familiar with　1

摔 shuāi | to fall (and break)　5

摔倒 shuāidǎo | to fall down　4

率领 shuàilǐng | to lead　7

水分 shuǐfèn | moisture　4

睡眠 shuìmián | sleep　4

说法 shuōfǎ | statement　1

私人 sīrén | private　6

思维 sīwéi | thought, way of thinking　5

四周 sìzhōu | all around　4

搜索 sōusuǒ | to search　2

随意 suíyì | at will　5

随着 suízhe | along with　3

碎 suì | broken　6

损害 sǔnhài | to damage　4

损失 sǔnshī | loss　5

所在 suǒzài | where sb. or sth. is　7

T

台风 táifēng | typhoon　8

抬 tái | to lift, to raise　6

逃走 táozǒu | to run away　7

桃花 táohuā | peach blossom　6

讨厌 tǎoyàn | to dislike　2

特性 tèxìng | distinguishing quality　5

提倡 tíchàng | to advocate　2

天文 tiānwén | astronomy　4

天下 tiānxià | China or the world, all under Heaven　2

天意 tiānyì | the will of Heaven　3

调节 tiáojié | to regulate　4

停留 tíngliú | to stay 2

统治 tǒngzhì | to rule, to govern 7

统治者 tǒngzhì zhě | ruler 2

偷偷 tōutōu | secretly 4

突破 tūpò | breakthrough 4

土豆 tǔdòu | potato 3

吐 tù | to vomit 1

推行 tuīxíng | to carry out, to pursue 6

脱离 tuōlí | to break away from 2

W

外部 wàibù | external 5

外界 wàijiè | the external world 8

完了 wánle | (to be) done for 9

万物 wànwù | all things on earth 3

违反 wéifǎn | to violate 4

围绕 wéirào | to revolve around 3

唯一 wéiyī | only 9

为此 wèicǐ | for this purpose 9

为人 wéirén | to conduct oneself 9

为止 wéizhǐ | up to, till 8

胃 wèi | stomach 1

慰问 wèiwèn | to extend one's regards to 6

温和 wēnhé | gentle 1

蚊子 wénzi | mosquito 4

无奈 wúnài | cannot help but 7

无疑 wúyí | undoubtedly 1

武力 wǔlì | (military) force 7

物体 wùtǐ | body, physical object 3

物质 wùzhì | material 1

误解 wùjiě | misunderstanding 4

X

西红柿 xīhóngshì | tomato 3

戏剧 xìjù | drama 5

吓 xià | to frighten, to scare 9

先后 xiānhòu | successively 7

现有 xiànyǒu | now available, existing 9

现状 xiànzhuàng | current situation 1

献 xiàn | to give, to contribute 9

乡村 xiāngcūn | village 6

详细 xiángxì | in detail 3

享受 xiǎngshòu | enjoyment 1

向前 xiàngqián | forward 2

向上 xiàngshàng | upward 3

象征 xiàngzhēng | to symbolize 8

消除 xiāochú | to eliminate 6

消极 xiāojí | passive, negative 1

消灭 xiāomiè | to wipe out 2

消亡 xiāowáng | to die out, to wither away 3

小偷儿 xiǎotōur | thief 9

心态 xīntài | mentality 5

心疼 xīnténg | to be distressed 2

辛苦 xīnkǔ | painstaking 2

欣赏 xīnshǎng | to appreciate 1

星辰 xīngchén | stars, constellations 4

休闲 xiūxián | leisure 4

修建 xiūjiàn | to build 9

修身 xiūshēn | to cultivate one's moral character 8

修养 xiūyǎng | self cultivation 8

虚心 xūxīn | open-minded, modest 9

学者 xuézhě | scholar 1

循环 xúnhuán | to circulate, to move in a circle 3

Y

亚军 yàjūn | second place 5

延伸 yánshēn | to extend 3

严厉 yánlì | strict 6

严肃 yánsù | serious 8

言语 yányǔ | words, speech 1

研究所 yánjiūsuǒ | research institute 5

眼光 yǎnguāng | sight, vision 5

养生 yǎngshēng | to keep in good health 8

养育 yǎngyù | to bring up, to rear 3

咬 yǎo | to bite 1

也好 yěhǎo | (reduplicated) whether … or … 9

一辈子 yíbèizi | all one's life 6

一旦 yídàn | once 2

一句话 yíjùhuà | a sentence, (in) a word 9

一口气 yìkǒuqì | one breath 2

一流 yīliú | first-rate 8

一下子 yíxiàzi | all at once 2

依旧 yījiù | as before 7

依据 yījù | foundation, basis 1

依照 yīzhào | according to 9

以便 yǐbiàn | so that, in order to 1

意识 yìshí | to realize, to be aware of 1

意味着 yìwèi zhe | to mean 8

意志 yìzhì | will 4

溢 yì | to overflow 9

因而 yīn'ér | thus, as a result 2

饮料 yǐnliào | beverage 5

饮食 yǐnshí | food and drink 6

隐居 yǐnjū | to live in reclusion 2

隐士 yǐnshì | recluse, hermit 2

婴儿 yīng'ér | infant 1

硬 yìng | hard 5

拥有 yōngyǒu | to possess 2

用不着 yòngbuzháo | (there is) no need 8

用来 yònglái | (to be) used for 3

用于 yòngyú | to be used for 7

幽默 yōumò | humour 5

尤其 yóuqí | especially 4

由此 yóucǐ | from this 1

犹豫 yóuyù | to hesitate 9

有害 yǒuhài | harmful 2

有力 yǒulì | powerful 8

有利于 yǒulìyú | in favour of 6

有意 yǒuyì | on purpose 6

有着 yǒuzhe | to have 1

愚 yú | foolish, silly 6

与 yǔ | and 1

宇宙 yǔzhòu | universe 3

雨水 yǔshuǐ | rainwater 4

欲望 yùwàng | desire 1

原始 yuánshǐ | primitive 3

原有 yuányǒu | original 1

远处 yuǎnchù | (in the) distance 3

约束 yuēshù | to restrain, to keep within
bounds 7

运行 yùnxíng | to run 7

Z

灾害 zāihài | disaster 4

灾难 zāinàn | disaster 5

仔细 zǐxì | carefully 1

再次 zàicì | once again 3

再也 zàiyě | any more 2

在场 zàichǎng | to be on the scene 9

暂时 zànshí | for the time being 2

赞美 zànměi | praise 6

糟 zāo | bad 4

糟糕 zāogāo | bad 6

早期 zǎoqī | early stage 2

增多 zēngduō | to increase 4

增强 zēngqiáng | to strengthen 9

赠 zèng | to give as a present 2

赠送 zèngsòng | to give as a present 7

展示 zhǎnshì | to show 7

展现 zhǎnxiàn | to unfold before one's eyes 3

占领 zhànlǐng | to occupy 7

占有 zhànyǒu | to occupy 1

战场 zhànchǎng | battlefield 7

章 zhāng | chapter 1

长寿 chángshòu | long-lived, a long life 8

掌握 zhǎngwò | to grasp 9

哲学 zhéxué | philosophy 1

珍贵 zhēnguì | valuable 2

珍惜 zhēnxī | to cherish 6

珍珠 zhēnzhū | pearl 1

真诚 zhēnchéng | sincerely, honestly 1

真理 zhēnlǐ | truth 9

真相 zhēnxiàng | truth 8

震惊 zhènjīng | to shock 2

争议 zhēngyì | controversy 1

正面 zhèngmiàn | the obverse side 5

正如 zhèngrú | exactly as 1

正义 zhèngyì | justice 7

政策 zhèngcè | policy 6

之外 zhīwài | beyond 4

之中 zhīzhōng | in, among 2

职位 zhíwèi | position 1

职务 zhíwù | job, post 9

只不过 zhǐbuguò | only, just 6

只见 zhǐjiàn | only to see   9

指示 zhǐshì | instructions   9

指责 zhǐzé | to censure   6

至 zhì | to arrive   4

制约 zhìyuē | to restrict   8

治理 zhìlǐ | to govern   2

秩序 zhìxù | order   2

智 zhì | intelligent, wise   6

智慧 zhìhuì | wisdom   1

智者 zhìzhě | wise person, sage   1

中期 zhōngqī | middle period   1

终点 zhōngdiǎn | destination   3

终身 zhōngshēn | all one's life   2

众多 zhòngduō | numerous   9

诸侯 zhūhóu | dukes or princes under a king

                                           2

主导 zhǔdǎo | leading   1

主观 zhǔguān | subjective   5

主体 zhǔtǐ | main body   1

助理 zhùlǐ | assistant   9

注重 zhùzhòng | to pay attention to   8

祝贺 zhùhè | to congratulate   5

专利 zhuānlì | patent   3

转化 zhuǎnhuà | to change, to transform   2

转换 zhuǎnhuàn | to change   9

装饰 zhuāngshì | to decorate   5

资产 zīchǎn | property   9

资助 zīzhù | to aid financially   6

滋润 zīrùn | to moisten   6

紫 zǐ | purple   1

自豪 zìháo | proudly   4

自杀 zìshā | to commit suicide   9

自愿 zìyuàn | of one's own free will,
      voluntarily   9

字义 zìyì | literal meaning   1

总裁 zǒngcái | president   9

总算 zǒngsuàn | at long last, finally   1

总体 zǒngtǐ | overall   9

阻碍 zǔ'ài | obstruction   8

组织 zǔzhī | organization   5

祖先 zǔxiān | ancestor   2

钻石 zuànshí | diamond   5

醉 zuì | drunk   8

尊敬 zūnjìng | respect   1

尊重 zūnzhòng | to respect   4

遵守 zūnshǒu | to observe, to abide by   3

图书在版编目（CIP）数据

走近老子 / 殷晓明编 . -- 上海：上海外语教育出
版社，2024

（阅读中国·外教社中文分级系列读物 / 程爱民总
主编 . 五级）

ISBN 978-7-5446-7398-3

Ⅰ . ①走⋯　Ⅱ . ①殷⋯　Ⅲ . ①汉语—对外汉语教学—
语言读物　Ⅳ . ① H195.5

中国国家版本馆 CIP 数据核字（2022）第 202818 号

出版发行：**上海外语教育出版社**
　　　　　　（上海外国语大学内）邮编：200083
电　　话：021–65425300 (总机)
电子邮箱：bookinfo@sflep.com.cn
网　　址：http://www.sflep.com
责任编辑：梁瀚杰

印　　刷：上海商务联西印刷有限公司
开　　本：787×1092　1/16　印张 8.25　字数 143千字
版　　次：2024 年 3 月第 1 版　2024 年 3 月第 1 次印刷

书　　号：ISBN 978–7–5446–7398–3
定　　价：45.00 元